ANDREAS SEILER
UND ANDREAS LEO SCHLÜTER

FRANKREICH
EDITION UNTERWEGS

MOTORRAD
Europas größte Motorradzeitschrift

FRANKREICH

EDITION UNTERWEGS

Kurvenspaß in Auvergne, Elsaß, Provence,
Limousin, Maurienne und in den Seealpen.

Von Andreas Seiler und Andreas Leo Schlüter

BAND 2

Motor
buch
Verlag

IMPRESSUM

Einbandgestaltung: Nicole Lechner
Karten: Bernhard Spachmüller, Ingenieurbüro für Kartographie

Titel- und Rückseitenfoto: Andreas Seiler

Eine Haftung des Autors oder des Verlags und seiner Beauftragten für Personen-, Sach- und Vermögensschäden ist ausgeschlossen

ISBN 3-613-01882-9

1. Auflage 1998

Lektorat: Joachim Kuch
Innengestaltung: Klaus Necker
Druck und Bindung: LONGO GROUP, I-39010 Frangart
Printed in Italy

INHALT

VIVE LA FRANCE

Nach wie vor gehört Frankreich mit zu den beliebtesten Reisezielen in Europa, vor allem Motorradfahrer verirren sich immer wieder gern ins Land der blau-weiß-roten Trikolore. Die Gründe sind vielschichtig: Zum einen bietet Frankreich auf einer Landesfläche von 543998 Quadratkilometern und bei rund 60 Millionen Einwohnern weit mehr Möglichkeiten zur Entspannung und Freizeitgestaltung als der dichtbesiedelte Nachbar Deutschland, nicht zuletzt wegen der zentralistischen Ausrichtung und Konzentration auf die Hauptstadt Paris. Zum anderen bietet allein die Landschaft mit der Atlantik- und der Mittelmeerküste, der Bergwelt der französischen Seealpen, Cevennen oder Pyrenäen, den Mittelgebirgsregionen Elsaß und Vogesen oder den flachen, aber keineswegs weniger reizvollen Gebieten wie Burgund, Bretagne oder Normandie – um hier nur einige Beispiele zu nennen – einen weitaus vielfältigeren Charakter.

Mit dem Landschaftsbild wechselt auch die Mentalität der Einwohner, was einen zusätzlichen Reiz ausmacht. Nach jahrhundertelanger Feindschaft ist es schön, zu sehen und zu spüren, daß sich die Bevölkerung Frankreichs sehr offen gegenüber deutschen und anderen Touristen verhält. Kontaktschwierigkeiten gibt es im Grunde genommen nicht. Voraussetzung dafür ist, wie in jedem anderen Land dieser Welt auch, daß sich der Reisende an obligatorische Verhaltensregeln hält.

Wir jedenfalls durften Frankreich und viele seiner einzigartigen Landschaften in seiner/ihrer schönsten Form er-»fahren«. Aus dem Facettenreichtum unseres Nachbarlands haben wir sechs Regionen beziehungsweise Touren herausgepickt, die für uns während ihrer »Erfahrung« jede Menge Fahrspaß sowie Landschafts- und Kulturerlebnis pur bedeuteten. Wir hoffen und wünschen uns für Sie, daß es Ihnen beim Lesen und Nachfahren ebenso ergehen wird.

Andreas Seiler und Andreas Leo Schlüter
im Januar 1998

AUF EINEN BLICK

Hotelpreise ändern sich schnell, außerdem variieren sie von Saison zu Saison. Deshalb sind im Buch nur Preiskategorien angegeben. Bei der Reservierung können Sie dann nach den genauen Kosten fragen.

Preiskategorien (Übernachtungen pro Person, mit Frühstück):

●	bis 40 Mark
●●	41 – 60 Mark
●●●	61 – 80 Mark
●●●●	81 – 100 Mark
●●●●●	über 100 Mark

Jedes Kapitel besteht aus einer Reportage, der eine Karte mit der gefahrenen Route folgt. In der Karte sind die motorradfreundlichen Unterkünfte mit einem Bett-Symbol gekennzeichnet. Im Anschluß an die Routenskizze folgen die Adressen und Preiskategorien dieser Gasthöfe, sowie weitere wichtige Informationen.

Für die Angaben zu den Hotels und die Befahrbarkeit bestimmter Pisten und Straßen können wir keine Gewähr übernehmen. Wenn sich etwas geändert hat, oder falls Sie neue, motorradfreundliche Hotels, Gasthöfe und Campingplätze auf Ihren Frankreich-Touren entdecken, schreiben Sie uns bitte unter:

Motorbuch-Verlag
Olgastraße 86
70180 Stuttgart

Selbstverständlich werden alle Einsender in der nächsten Auflage des Frankreich-Bandes namentlich genannt.

Folgende Symbole finden in den Karten und Info-Teilen Verwendung:

- Karte
- Route
- Übernachten
- Treffpunkt
- Sehenswert
- Adressen

AUF EINEN BLICK

1 Elsaß
2 Maurienne
3 Route Napoléon
4 Provence
5 Auvergne
6 Limousin

Route der Gourmets

Wer auf der »La Route Gourmande« im kurvenreichen, grünen Elsaß tourt, kann über Hungergefühle nicht klagen.

Historisch: Fachwerkbauten in Merckwiller-Pechelbronn

gen Respekt, ohne dabei irgendwie distanziert zu wirken. Während Kerstin, meine Begleiterin, mit Alfreds Frau Reiseerfahrungen austauscht, geht es mir durch den Kopf, ob und, wenn ja, wie ich wohl in solch stolzem Alter auf meinem »Bock« sitzen werde. Rückgratverkrümmung, Rheuma, Arthrose – all die negativen Begleiterscheinungen des Altwerdens kommen mir in diesem Moment in den Sinn.

Das klackende Eingreifen der Anlasserzahnräder reißt mich aus meinen Gedanken und erlöst mich von meinem Trauma. Gemeinsam machen wir uns zurück auf den Weg ins Hotel Beau Sejour in Morsbrunn, wo Dominique und seine Frau Gabrielle für uns ein gemeinsames Abendessen mit ihren Motorradfreunden vorbereitet haben. Im Keller des Hauses steht allen interessierten Motorradfahrern, egal, ob nun Einheimische, Durchreisende oder Hotelgäste, die eigens zu diesem Zweck angelegte Kellerbar offen, die mit entsprechenden Accessoires wie Plakaten, Postern, Fotos und Emailleschildern geschmückt ist. Und natürlich wird hier viel

Abwechslung: Obstbaumwiesen bei Niedersteinbach

Benzin geredet. Ein wenig zum Leidwesen von Kerstin, die bei Fortschreiten des Abends mit überfülltem Magen und allmählich steigendem Alkoholspiegel zusehends stiller und schläfriger wird. Ohne daß ich es schon frühzeitig registriere, denn bei all den Gesprächen über ausgelutschte Getriebe, festgebrannte Ventile und Kolbenklemmer fühle ich mich heimisch. Allerdings geht mir dabei auch das Gefühl für die Menge des konsumierten Roséweins verloren. Doch spätestens beim nächtli-

chen Fußmarsch zurück ins Hotel de la Marne, wo wir für die erste Nacht untergebracht sind, ist dieses Gefühl wieder mit seinen wenig erfreulichen Begleiterscheinungen da. Beide Hotels, Beau Sejour und de la Marne, gehören zu einer Reihe von ländlichen Hotel-Restaurants, die sich im Sauertal nördlich von Haguenau zur »La Route Gourmande« zusammengeschlossen haben. Man braucht kein überdimensionales Vorstellungsvermögen, um sich den ganz persönlichen Gewichtsun-

Bayrisch: Kriegerdenkmal am Stadtrand von Woerth

terschied bei Ankunft hier im Sauertal und bei der Abfahrt auszumalen.

Doch nicht nur wegen der Gourmetfreuden ist die Gegend im Parc Naturel Regional des Vosges du Nord für Motorrad-Wochenend- und -Kurztrips zu empfehlen. Eine in satten Grüntönen erstrahlende Mittelgebirgslandschaft, malerische Dörfer mit fein herausgeputzten Fachwerkbauten sowie auf die lebhafte Geschichte des Elsaß hinweisende Sehenswürdigkeiten in Form von Burgen, Schlössern und Denkmälern runden den Kurvenspaß ab. Natürlich sollte man sehen, daß man die auf der Michelin-Karte rotgezeichneten Départementstraßen tunlichst meidet.

Unsere Wahlfarben auf der Karte sind ausschließlich Gelb und Weiß, die uns am nächsten Tag gegen Mittag nach Niedersteinbach ins Hotel-Restaurant Cheval Blanc tragen. Zwei-Sterne-Hotelier Michel Zinck stellt mit einem auf der Zunge zergehenden Wildbret und einem ebensolchen Rindersteak seine Fähigkeiten als Meisterkoch unter Beweis. Dazu gibt es frische Morcheln in pikanter Sauce. Als Vorspeise werden warmer Lachs mit frischem gemischten Salat, als Nachspeise Eis serviert. Bei all dieser lukullischen Pracht kann der gewiß gutgemeinte Hinweis des Gastgebers, daß auch der deutsche Bundeskanzler hier mit Familie des öfteren einkehrt, nur beschämen. Mein abschweifender Gedanke an Pfälzer Saumagen tut ein übriges dazu.

Vor Sprachprobleme wird das deutsche Staatsoberhaupt hier im Elsaß gottlob nicht gestellt. Die Elsässer nördlich des Haguenauer Forsts sprechen neben der Amts- und Bildungssprache Französisch einen rheinfränkischen Dialekt, der nicht allzu weit von Pfälzer Dialekt und Hochdeutsch entfernt ist. Überhaupt ist das Leben hier im Osten Frankreichs stets begleitet gewesen von einem ständigen Wechsel der Macht und Herrschaft von Franzosen und Deutschen. Unterdrückung der kulturellen Eigenheiten und Auferlegung von unsinnigen Regeln und Gesetzen waren an der Tagesordnung. Ein Wunder, daß man von den Einheimischen mit beispielhafter Gastfreundschaft empfangen wird, wobei es keinen Unterschied macht, ob man nun angekündigt oder sozusagen inkognito irgendwo auftaucht.

Entlang der D 3 hangeln wir uns nur ein Stückchen weiter nach Lembach, wo uns in einer Käserei erneut ausgeprägte Gaumenfreuden erwarten. Madame und Monsieur Grammes halten knapp 70 Ziegen, die mit ihrer Milch die Grundsubstanz für die im Hause hergestellten, schmackhaften Käsesorten liefern. Kerstins und mein Favorit ist eindeutig der mit Knoblauch verfeinerte Weichkäse, der wenig später in die eh schon überfüllten Tourenkoffer wandert, dort in den Kleidungsstücken aber auch ein langerwährendes Zeugnis seiner »duftenden« Anwesenheit hinterläßt.

Auf der Flucht vor weiteren kulinarischen Verführungen bekommt die GTS die Sporen, um ihre deutlich angestiegene Last über Climbach und den Col de Pigeonnier nach Wissembourg, auf deutsch Weißenburg, zu tragen. Anziehungspunkt sind hier der mittelalterliche Stadtkern sowie die Kirche St.-Pierre-et-St.-Paul, die Kirche der ehemaligen Benediktinerabtei und spä-

Bike-Alternative: Reitstunde in Obersteinbach

teren freien Reichsabtei. Nach dem Straßburger Münster handelt es sich bei diesem Bauwerk übrigens um die zweitgrößte gotische Kirche des Elsaß. Nur wenige Schritte davon entfernt haben wir von der Lauterbrücke einen schönen Ausblick auf das verträumte Bruch-Viertel mit seiner buntgemischten Architektur aus Fachwerkkonstruktionen und vergiebelten Frührenaissance-Relikten.

Genug der kulinarischen und kulturellen Genüsse, für den Rest des Tages steht uns der Sinn

Überblick: Aussichts- und Schützenturm bei Woerth

nach Kurvenfreuden. Auf der (weißmarkierten) D 77 geht's über Rott in Richtung Lobsann. Allerdings ist dem Reisenden anzuraten, sich zwischendurch immer wieder nach links in die von Fachwerkbaten geprägten, romantischen Dörfer wie Cleebourg, Drachenbronn und Birlenbach fallenzulassen, um anschließend wieder auf die D 77 zurückzukehren. Nur wenige Kilometer weiter, kurz hinter einem Camp militaire, biegt man schließlich nach rechts in einen Hochwald in Richtung Col du Pfaffenschlick ab. Die Straße ist ganz nach unserem Geschmack, und das Wetter stimmt, so daß wir uns zu ein paar ungezwungenen Links-Rechts-Schräglagen hinreißen lassen und unsere überfüllten, müden Mägen wieder zumindest ansatzweise auf Trab bringen.

Nicht schwierig vorzustellen, daß wir uns auf der Paßhöhe (418 Meter) den Besuch des Restaurant du Pfaffenschlick verkneifen und es stattdessen vorziehen, nach Climbach und Lembach in Richtung deutsch-französische Grenze abzudriften. Die Karte verspricht viel Gutes, will heißen eine mit Serpentinen reich gesegnete Strecke, die sich wie fein gedrillte Spaghetti im Schutz der

Châteaus Blumenstein, Wasigenstein und Klein-Arnsberg hinauf zum Col du Goetzenberg schlängelt. In Schönau halten wir uns links in Richtung Petersbächel und Ludwigswinkel, um dann unmittelbar hinter der Metzgerei erneut nach links beziehungsweise Wengelsbach abzubiegen.

Nur wenige Meter später überfällt mich das ungute Gefühl, die falsche Richtung eingeschlagen zu haben. Der griffige Asphalt endet hier, die Ablösung macht der vom Regen der letzten Woche aufgeweichte und für die Gegend charakteristische Sandboden, nett gespickt mit zahlreichen Schlaglöchern und Pfützen. Nett vielleicht für Endurofahrer, auf der GTS aber wird die Piste zum Prüfstein für Fahrer und Beifahrer(in). Gleichzeitig bietet sich mir aber die Möglichkeit, mit Hilfe einer gezielten Bezwingung aller mehr oder minder schwierigen Passagen den Magen für nachfolgende Gaumenfreuden freizumachen und meiner Begleiterin Kerstin gleichzeitig durch eine sturzfreie Fahrt nach oben für ihr Vertrauen zu danken.

Als wir kurz vor Wengelsbach wieder nach Frankreich zurückkehren – die ehemalige Grenze ist nur noch an einem verfalle-

Idyllisch: Château de Klein-Arnsberg

nem Postenhäuschen zu erkennen –, hat uns wenig später der Aspalt wieder. Mit ihm verschwindet auch das flaue Gefühl im Magen. Der Berg ruft, und wir nehmen die herausfordernden, vom satten Grün der Bäume begleiteten Serpentinen dankbar an. Gut fünf Minuten dauert der Kurvenrausch bei zügiger Fahrweise. Macht man auf der

Romantisch: Bruch-Viertel in Wissembourg

Paßhöhe des Col du Goetzenberg halt, um ein paar grandiose Ausblicke auf die Elsässer Gebirgslandschaft zu genießen, dauert's halt entsprechend länger. Lohnend ist dieser Abstecher allemal!

Am Abend bestätigen unsere Gastgeber, Madame Christelle und Monsieur Jean Zérafa-Ullmann, den Reiz dieser Strecke. Das von ihnen geführte Hotel Alsace-Villages in Obersteinbach bietet neben den Hotelzimmern auch die Möglichkeit der Übernachtung in direkt angrenzenden, komfortablen Appartements. Dabei fügen sich die komplett aus Holz hergestellten Nebengebäude und das aus Fachwerk und Sandstein zusammengefügte Haupthaus sauber in den dörflichen Charakter des Ortes ein. Überhaupt legen die Zérafa-Ullmanns größten Wert auf Harmonie mit Umwelt und Natur. Monsieur ist Vorsitzender der La Route Gourmande und gleichzeitig Mitglied einer Vereinigung von Naturhotels. Im Garten wachsen die zum Teil für Speisen und Getränke verwendeten Kräuter, in unmittelbarer Nachbarschaft der Ullmanns finden sich ein Ponyhof und einige Handwerksbetriebe mit typi-

Malerisch: Blick von der Lauterbrücke in Wissembourg

schen Elsässer Produkten. Man merkt schnell, daß Bewirtung und Betreuung der Gäste in natürlicher Form und Umgebung ein Stück der Lebensphilosophie der Zérafa-Ullmanns sind.

Noch deutlicher wird dies auf unserem morgendlichen Ausflug am nächsten Tag hinauf zur Burg Klein-Arnsberg. Hier erzählt uns Madame Christelle von ihrer Verbundenheit zu dieser Region und dem Ort Niedersteinbach. Von Kindesbeinen an wuchs sie in dieser Umgebung auf, weiß von Details zu berichten, die die meisten Reiseführer aus Unwissenheit verschweigen, und hat sogar

Dicht bewachsen: Wohnhaus in Soultz

Felsig: Aussichtspunkt oberhalb von Obersteinbach

schon im Burgbereich von Klein-Arnsberg archäologische Raritäten ans Tageslicht gebuddelt. Die Beweise sind drunten im Haus Alsace-Village zu bewundern.

Klein-Arnsberg, wie anhand des Namens schon zu vermuten ist, gehört zu den kleineren Burgen der näheren Umgebung, bietet aber dafür den Vorteil beinahe ungestörter Erkundungsmöglichkeiten. Die Burgmauern sind noch gut erhalten, so daß sich das ursprüngliche Aussehen noch sehr gut rekapitulieren läßt. Nur wenige Schritte davon entfernt hat man Ausblick auf die Ruinen Wasigenstein und Lützelhardt. Wasigenstein soll der Schauplatz für das mittelhochdeutsche Waltharilied gewesen sein, in dem der blutige Zwei-

kampf zwischen Nibelungenkönig Gunther von Worms und Walther von Aquitanien besungen wird. Der Kampf ging unentschieden aus, weil Gunthers Vasall Hagen von Tronje ihm zu Hilfe eilte – eben jener, der den Helden des Nibelungenlieds, Siegfried, tötete.

Ähnlich heldenhaft übersteht Kerstin dann ein wenig später ihre ersten Gehversuche auf einem der Fjordpferde von Sylvie-Anne und Johan Hofmans, den Besitzern der nahegelegenen Reitschule Ecole d' Equitation. Am liebsten würde sie sich gleich zu einem der angebotenen Reitkurse und Reitausflüge anmelden, die die Hofmans für alt und jung, groß und klein, anbieten. Mit einiger Überredungskunst kann ich sie aber schlußendlich von den vertrauenerweckenden Vierbeinern losreißen und wieder für unsere eigentliche Sache begeistern. Mit den Kurven verschwindet auch wieder der melancholische Blick hinter dem Visier ihres Helms, und sie genießt wie ich das lockere Hin- und Herschwenken der GTS in der grüngefärbten elsässischen Landschaft.

In Wingen holen wir nochmals zum kalorienschweren Anschlag auf unsere Mägen aus. Bei den Billmanns im Hotel à la Couronne werden uns Schnecken in Knoblauchbutter sowie Rind- und Schweinefleisch mit allerlei Gemüsesorten serviert. In Gedanken blicken wir schon entsetzt auf den Zeiger der heimischen Waage. Der Ausspruch »Leben wie Gott in Frankreich« ist hier absolut passend.

Die Zeit verstreicht im Nu, und wir müssen uns beeilen, um

Burgenreich: Region bei Obersteinbach

nicht verspätet zu unserem vereinbarten Treffen mit Harley-Fahrer Alfred zu kommen. Bei einem Gang durch die Stallungen seines Hofs plaudert der 69jährige aus seinem Leben. 40 Jahre war er vor seiner Pensionierung im Casino von Niederbronn beschäftigt, nebenbei betrieb er noch ausgiebig Viehzucht. Die im Stall umherlaufenden Wildschweine sind Überbleibsel einer ehemaligen Zucht von zirka 70 bis 80 Exemplaren ihrer Gattung – und das alles noch so ganz nebenbei. Die wohlverdiente Rente genießt er vor allem bei Ausfahrten mit seiner Frau auf den beiden Harleys.

Kerstin nimmt völlig unvoreingenommen im knapp, aber schön gezeichneten Boot der 39er Knucklehead Platz. Auf unserer Rundfahrt in die nähere

Umgebung kommt sie in den Genuß der damals sehr innovativen Blattfederung des Boots.

Gespannfahrer Alfred steuert die Kriegsdenkmäler rund um Woerth an. Als wir wenig später auf dem französischen Verteidigungsturm der Schlacht von 1870 stehen, wird der ansonsten stets fröhliche und gutgelaunte Elsässer zunehmend ernster und nachdenklicher. Er erklärt uns die Angriffs- und Verteidigungslinien der Kriegsparteien und redet vom Un- und Wahnsinn des Krieges. Uns bleibt nur noch, ihm nickend und schweigend zuzustimmen und sich der nicht gerade rühmlichen Geschichte der Deutschen hier im Elsaß zu erinnern.

Mit weiteren Kilometern auf der Anzeige des Tachometers werden Alfred und wir wieder

Mahnend: Kriegsdenkmal an der Straße der Schlacht von 1870

fröhlicher und schlagen den Weg zu seiner alten Wirkungsstätte, dem Casino in Niederbronn, ein. Alfred ist seit seiner Pensionierung das erste Mal wieder am Platz, und wir wissen seine Bereitschaft, uns zu begleiten, sehr wohl zu schätzen. Meine Kamera muß ich allerdings gleich am Eingang abgeben, fotografieren ist hier verboten. Also nix mit Las-Vegas-ähnlichen Fotos. Die Melodie aus Singen, Scheppern und Klirren der einarmigen Banditen vertreibt uns aber schnell wieder auf die rund um Niederbronn schön geschwungenen Landstraßen.

Kurz vor Morsbrunn trennen sich unsere Wege. Kerstin und ich wollen noch ein bißchen die Abendsonne auf der Yamaha GTS genießen, ehe wir bei unseren motorradbegeisterten Gastgebern Gabrielle und Dominique im Hotel Beau Sejour unseren letzten Abend im Elsaß ausklingen lassen wollen. Auch Alfred sehen wir hier beim Abendessen noch mal wieder.

Der Abschied vom Elsaß und unseren freundlichen Begleitern fällt nicht gerade leicht. Nicht nur der Gedanke an das üppige Essen liegt uns noch schwer im Magen. Vielleicht drucksen wir

Gastfreundlich: Harley-Gespannfahrer Alfred

deshalb noch etwas herum, fahren vor Grenzübertritt noch über Gunstett, Surbourg, Soultz und Schoenenbronn ins Fachwerkdörfchen Hunspach und schöpfen ein letztes Mal Kraft aus der dörflichen Idylle.

Wenige Kilometer weiter haben uns Deutschland, Autobahn und Alltag wieder aufgesaugt. Die Konzentration auf den ab Baden-Baden wieder dichter werdenden Verkehr läßt keine Zeit für sentimentale Rückblicke. Erst bei der Arbeit, daheim am Schreibtisch, überkommen einen wieder Gedanken an das elsässische Grün der Landschaft, an die Kurven und Burgen. Und auch der Magen knurrt wieder andächtig nach »La Route Gourmande«. Elsaß, wir kommen wieder!

Wild-schweinisch: Alfreds Lieblinge bei der Fütterung

Achterbahn: Fahrt über den Col du Goetzenberg

Gefahrene Strecke
(einschließlich Abstecher):
etwa 300 Kilometer

Karten:

Michelin Regionalkarte 242: »Elsaß und Lothringen«, 1 : 200000; 11,80 Mark. Michelin Straßenkarte 87: »Elsaß und Vogesen«, 1 : 200000; 6,80 Mark.

Route:

Morsbronn-les-Bains – Mietesheim – Niederbronn-les-Bains – Woerth – Lembach – Niedersteinbach – zurück nach Lembach – Climbach – Col de Pigeonnier – Wissembourg (Weißenburg) – Rott – Cleebourg – Drachenbronn – Birlenbach – Col du Pfaffenschlick – Climbach – Lembach – Schönau – links in Richtung Petersbächel/Ludwigswinkel, hinter der Metzgerei links nach Wengelsbach – (ab hier mittlerweile Verbotsschilder!!!) – Col du Goetzenberg – Obersteinbach – Niedersteinbach – Lembach – Wingen – Lembach – Woerth – Niederbronn-les-Bains – Woerth – Morsbronn-les-Bains. Anreise über die A 5 Kassel-Karlsruhe, ab Baden-Baden Landstraße.

Übernachten:

Hotel-Restaurants, die der »La Route Gourmande« angeschlossen sind (Vorwahl aus Deutschland 0033):

●●● Hotel-Restaurant Anthon
Danielle Flaig
40, Rue Principale
67510 Obersteinbach
Telefon: 388-095501
Fax: 388-095052

●●● Hotel-Restaurant Alsace-Villages
Christelle et Jean Zérafa-Ullmann
49, Rue Principale
67510 Obersteinbach
Telefon: 388-095059
Fax: 388-095356

Das Hotel Alsace-Villages berechnet für einen dreitägigen Aufenthalt mit zwei Übernachtungen am Wochenende, der unter dem Motto »Entdeckung der Burgen und des Lebens im Mittelalter« steht, inklusive Verpflegung, ausgenommen Getränke und wahlweise Betätigungen, für zwei Personen komplett 1550 FF, das sind umgerechnet etwa 465 Mark. Der nahegelegene Reiterhof

(Ecole d'Equitation
Sylvie-Anne et Johan Hofmans
67510 Obersteinbach
Telefon: 38809-5684)
eröffnet weitere Möglichkeiten für einen erholsamen Kurzurlaub.

●●●● Hotel-Restaurant
Cheval-Blanc
Michel Zinck
11, Rue Principale
67510 Niedersteinbach
Telefon: 388-095531
Fax: 388-095024
Hotel mit hervorragender Küche, selbst der Bundeskanzler »jettet« ab und an hierhin, um Abwechslung vom Pfälzer Saumagen zu finden.

●●● Hotel-Restaurant
Gimbelhof
Mme. Goerich M. Gunder
Gimbelhof
67510 Lembach
Telefon: 388-944358
Fax: 388-942330

●●● Restaurant à l'Arbre Vert
Jean-Jacques Gerlinger
2, Rue de Wingen
67510 Lembach
Telefon: 388-944256

●●● Hotel-Restaurant
à la Couronne
Marc Billmann
4, Rue de Vosges
67510 Wingen
Telefon: 388-944033

●●● Hotel-Restaurant
du Cheval Blanc
Henri Frey
2, Rue de Bitche
67510 Climbach
Telefon: 388-944195
Fax: 388-942196

●●● Hotel-Restaurant
Liebfrauenthal
Gérard Nippert
Liebfrauenthal
67360 Goersdorf
Telefon: 388-093177
Fax: 388-094242

●●● Hotel-Restaurant
La Chaumière
René Waechter
25, Route de Lembach
67360 Woerth
Telefon: 388-093006

●●● Hotel-Restaurant
à l'Etoile d'Or
Patrice Erhardt
15, Route de Haguenau
67360 Woerth
Telefon: 388-094232
Fax: 388-094775

●●● Hotel-Restaurant
Beau Sejour
Dominique et Gabrielle
Ernenwein

Gegen den Durst: Mineralwasser-Herstellung in Niederbronn

67360 Morsbronn les Bains
Telefon: 388-094255
Fax: 388-540480
Für Motorradfahrer sehr zu empfehlen ist auch das Hotel-Restaurant Beau Sejour von Motorradnarr Dominique Ernenwein. Er und seine Frau Gabrielle sind auf die speziellen Vorlieben von Motorradfahrern eingerichtet. Seine entsprechend ausstaffierte Kellerbar ist drei Mal pro Woche geöffnet, hinter dem Haus findet sich ein kleiner Moto Cross-Kurs. Außerdem bietet der Gastronom ständig neue Programme an wie etwa Motorradfreizeiten, geführte Touren, etc.
Aus aktuellen Gründen stets anfragen!

●●● Hotel et Appartements de Vacances
Hostellerie de la Marne
Pierre Weller
19, Route de Haguenau
67360 Morsbronn les Bains
Telefon: 388-093053
Fax: 388-093565

Aufwendig: Käseherstellung bei den Grammes

●●● Hotel-Restaurant du Cerf
Jean-Philippe Gross
50, Route de Haguenau
67360 Morsbronn les Bains
Telefon: 388-093083

● Treffpunkte:

Hotel-Restaurant Beau Sejour
(siehe Unterkünfte)
In der Kellerbar treffen sich Motorradfahrer aus der Umgebung, kein Club, sondern mehr eine Art Interessengemeinschaft, die für Besuch aus aller Herren Länder jederzeit offen ist.

Col du Goetzenberg
Bei schönem Wetter trifft man hier auf Motorradfahrer aus nah und fern, Anfahrt aus Richtung Niedersteinbach, aus Richtung Wengelsbach offiziell gesperrt.

Sehenswert:

Käserei Madame et Monsieur Gramme in Lembach, über 70 Ziegen stellen die Produktion des köstlichen Milchprodukts sicher.

Burgen Klein-Arnsberg, Wasigenstein, Lützelhardt sowie Château de Blumenstein; Christelle Ullmann (siehe Hotel-Restaurant Alsace-Villages in Obersteinbach) veranstaltet Führungen.

Bei Woerth: Straße der Schlacht von 1870 (siehe Text).

In Wissembourg (Weißenburg) das Bruch-Viertel mit seinen schönen Bauten.

Bei Schoenebourg und Hunspach Fachwerkbauten in allen Farben und Schattierungen.

Adressen:

Frankreich-Information
Telefon: 0190/570025
(Anforderung von Broschüren)

Maison de la France
Westendstraße 47
60325 Frankfurt/M.
Fax: 0190/599061
(alle wichtigen Informationen zum Reisegebiet)

Französische Botschaft
Kapellenweg 1a
53179 Bonn
Telefon: 0228/362031

Bärtig: Ziegenbock in der Käserei der Familie Grammes

MAURIENNE

Verborgene Schätze

Für die meisten Motorradfahrer ist das Maurienne-Tal zwischen dem Mont Cenis und Val d'Isère nur eine Durchgangsstation auf dem Weg nach Italien

Verlockend: die Kehren hinauf zum Col d'Iséran

MAURIENNE

Merde. Regenschwere Wolken tauchen die Landschaft in düsteres Licht. Lkw-Konvois quälen sich, von Lyon aus kommend, an der Arc entlang Richtung Italien, wir mittendrin. Fahlig-fleckige Fabrikfassaden schauen immer wieder aus den Nebelschwaden hervor. Ab und an brechen weiß besprenkelte Bergspitzen durch den Dunst. Was sollen wir bloß hier? »Maurienne«, hatte Denis uns auf die Frage nach einem Touren-Tip ins Ohr geflüstert, und das klang wie eine Codewort. »Die Gegend wird euch gefallen«, hatte unser französischer Freund noch hinzugefügt. Mehr war ihm nicht zu entlocken gewesen. Ein Reiseführer verriet da schon ein wenig mehr: Maurienne heißt das Tal der Arc, die sich durch den Süden Savoyens windet. Drei Flüsse übrigens gliedern diese (Vor-) Alpenregion im Westen Frankreichs: Die Arve (Faucigny-Tal) im Norden, sowie Isère (Tarentaise) und eben Arc (Maurienne) weiter südlich.

Nun sind wir da und leicht verdattert. Immerhin, wenigstens die Diesel schlürfenden und Ruß versprühenden Begleiter kratzen in Modane die Kurve.

Eindrucksvoll: die verschneiten Vanoise-Dreitausender

Einstieg: der Iséran-Paß, ein echtes Schmankerl für Motorradfahrer

Dort nämlich schluckt der Fréjus-Tunnel den Schwerlastverkehr von und nach Turin. Dafür tänzeln jetzt Schneeflocken im Scheinwerferlicht. Das Anfang September, wohlgemerkt. »Du, ich wollte nicht in den Skiurlaub«, tönt denn auch postwendend meine Sozia von hinten. Kleine Ortschaften tauchen auf, um alsbald wieder im Schatten der Dunkelheit zu verschwinden. In Lanslebourg bleibt die N 6 hinter uns zurück, wir folgen dem Wegweiser in Richtung Iséran. Behutsam schwingen wir über die nassen Kehren des Col de la Madeleine, von Kurvenspaß kann bei diesem Wetter keine Rede sein. In Bessans hat die Wedelei durch die nächtliche Kälte schließlich ein Ende, wir steuern das erstbeste Hotel an.

Das »Grand Fond« erweist sich nichtsdestotrotz als keine schlechte Wahl. Ein freundlicher Hotelier weist uns den Weg runter zur Garage, die sich unsere 1100er Zephyr mit zwei italienischen Enduros teilt. Bon. Die Handschuhe landen im Trockenkeller und wir unter einer heißen Dusche. So langsam tauen wir auf, das Abendessen dann zaubert endgültig einen Anflug von Zufriedenheit auf die Lippen.

Pause: Frühstück auf halbem Weg zum Gipfel

Ein tiefroter, erdiger Vin de Savoie, dazu Kartoffelsuppe, Bohnen in Speck, Pommes und Lammkeule, zum Schluß Käse, na klar. Mit einem rundum wohligen Gefühl fallen wir ins Bett.

Am nächsten Morgen ist der wenig angenehme Auftakt schon fast nicht mehr wahr, so blau blinkt der Himmel, der sich über das Maurienne-Tal spannt. Zwei Schoko-Croissants, drei Brioches und vier Tassen Kaffee später säuselt auch schon der Vierzylinder vor sich hin. Was für eine Überraschung: Die westlich von Modane so miefige, enge und unansehnliche Gegend ist nicht wiederzuerkennen. Bei Tageslicht entpuppt sich der obere Teil der Maurienne als hochalpines Schmuckstück mit dem wildem Charme rauher Bergregionen. Paris sei Dank: Im Gegensatz zu benachbarten Tälern hat sich die Haute Maurienne ihre natürliche Ausstrahlung über Jahrzehnte hinweg bewahren können. Sie wurde bei der staatlichen Entwicklung der Wintersportgebiete nach 1960 nämlich schlicht vernachlässigt.

Im Schatten von schneebedeckten Dreitausendern und felsigen Naturfassaden rollen wir ungestört über ein welliges

Asphaltband, bis ein erstes Hindernis uns aus dem Schwung bringt. Fermé vermeldet ein Schild am Fuß des Col d'Iseran. Wir wollen's nicht glauben, mogeln uns an der Barriere vorbei und schrauben uns langsam höher. Wenige Kehren weiter wird unsere Fahrt wieder gebremst. Ziegen stolzieren ungerührt über die Paßstraße und beäugen neugierig uns und unsere Maschine. Nach kurzer Zeit verlieren wir offensichtlich an Reiz, und so wendet sich die Herde dem weitaus interessanteren Wegesrand mitsamt seinen Kräutern zu. Unsere Aufmerksamkeit dagegen richtet sich auf grell glitzernde Gletscher ringsum – und natürlich die Straße. Immer größere Schneeinseln nämlich bedecken die Straße, je weiter wir kommen. Fini, irgendwann siegt die Sorge um Kawa und Knochen: Wir kehren um.

In einem kleinen Café in Bonneval-sur-Arc treffen wir auf Luigi, Francesca und Paolo,

Droge: das Kurvengewirr französischer Alpenpässe

unsere Hotelnachbarn. Auch für sie und ihre XT's gab's kein Durchkommen, Schneeverwehungen verhinderten den Gipfelsturm: »Nichts zu machen«, zuckt Luigi enttäuscht mit den Achseln. Lange Gesichter ziehen kurz darauf auch wir, allerdings aus ganz anderem Grund: »Keine Crêpes«, bescheidet uns die Bedienung. Also verlegen wir uns auf herzhafte Genüsse und starten der ortsansässigen Käserei einen kleinen Besuch ab.

Die stillt nicht nur den hörbaren Hunger, sondern auch unsere Neugier. Wir dürfen nämlich einen Blick hinter die Käserei-Kulissen werfen. Zwei Mitarbeiter sind gerade mit der letzten Phase der traditionellen »Tomme«-Produktion beschäftigt. Der eine trennt die festen Bestandteile von der Molke, indem er sie mit Hilfe eines Tuchs aus einem großen Bottich schöpft; der andere stopft diese dann in handliche Förmchen. »Tomme de Savoie« heißt der kleine Käse mit der grauen Kruste und dem weichen Kern, wenn er nach zwei, drei Monaten Lagerung wieder aus dem Keller kommt. In den finsteren

Spezialität: Herstellung von Rohmilchkäse im Maurienne-Tal

Waschtag: Beaufort-Käse verlangt nach regelmäßiger Pflege

Gewölben »schimmeln« Hunderte der handlichen Rundlinge auf hölzernen Regalen vor sich hin – kein Vergleich zu der sterilen Atmosphäre moderner Großkäsereien. Der Tomme ist eben mehr als nur ein Nahrungsmittel, er dokumentiert ein Stück Kulturgeschichte des Tals. In der Maurienne bewirtschaftete früher jeder Bergbauer seine eigene Alm mit nur wenigen Kühen – deshalb auch die Herstellung kleiner Käse. In der Tarentaise dagegen schlossen sich die Bauern zusammen und produzierten entsprechend große Käse – wie etwa den Beaufort, einen Vertreter der »harten« Sorte. Die 30-50 Kilo schweren Laibe mit dem charakteristischen konkaven Rand verschwinden für mindestens sieben Monate in kalten, feuchten Kellergewölben, werden regelmäßig abgewaschen und gedreht.

Ob Beaufort oder Tomme, verkauft werden die schmackhaften Leckereien der Käsereien von Bonneval, Bessans, Lanslevillard, Lanslebourg und Aussois hauptsächlich vor Ort – wenn Brüssel dem nicht Einhalt gebietet. Den EU-Gleichmachern ist

Reifeprozeß: Tomme-Rundlinge »schimmeln« in dunklen Gewölben vor sich hin

die traditionelle Herstellung von Rohmilchkäse à la Beaufort – diese Sorte übrigens ist per Herkunftskennzeichnung geschützt – nämlich ein Dorn im Auge. Nicht hygienisch genug, lautet das Argument der Bürokraten. Den Menschen der Maurienne aber schmeckt's und bekommt's – uns übrigens auch. Gut gesättigt spazieren wir durch Bonneval, eine der Perlen des Tals. Bausünden sucht man hier vergebens, ebenso auswärtige Absahner. Die Einwohner selbst vermarkten dezent die Schönheit ihres Ortes: eine Ansammlung schlichter steinerner Häuser samt vorstehenden Dächern und hölzernen Galerien.

Delikat: Was wäre ein Frankreich-Trip ohne Käseprobe?

Noch besser gefällt uns nur das nahe Ecot. Es ist der einzige Flecken im Tal, der den Zweiten Weltkrieg unbeschadet überstanden hat. Schon die Anfahrt über ein ebenso schmales wie welliges Sträßchen sorgt für

Stimmung. Nach ein, zwei Kilometern aber stoppen wir den Vorwärtsdrang des Vierzylinders: Ein türkis schimmernder Teich mit einem Wasserfall im Westentaschenformat zieht uns magisch an. Wir klettern auf einen kleinen Felsen, lehnen uns zurück und lassen die Beine herunterbaumeln. Nur schwer können wir uns von der angenehmen Ausstrahlung dieser Oase für die Sinne losreißen.

Einen bleibenden Eindruck hinterläßt auch Ecot selbst, dessen Hochgebirgsarchitektur sich perfekt in das prächtige Panorama einfügt: Auf den gut zwei Dutzend Dächern fangen sich die Strahlen der Mittagssonne und setzen dem Ort eine gleißende Krone auf. Mühe und Muße gehen hier eine arbeitsteilige Verbindung besonderer Art ein: Einige Einheimische werkeln kräftig an ihren Häusern, während eine Gruppe von Touristen derweil durch die Gassen wandelt. Kommentare wie »ist das nicht nett hier« bleiben da nicht aus. Nur: Wer sich in Ecot ein Heim schafft, muß sich fernab spontaner Gemütsregungen dauerhaft mit der abgeschiedenen Lage anfreunden können. Segnungen der Moderne wie Supermarkt, Kino oder Apotheke um die Ecke, das alles gibt's hier nicht. Ihren festen Platz dagegen hat, wie überall

Geheimtip: Der Vanoise-Nationalpark lockt mit Natur pur

Abgelegen: das kleine Dorf Ecot im Mittagsschlaf

Eiskalt: Gletscher speisen diesen Wasserlauf in der Nähe von Ecot

im Maurienne-Tal, eine Kirche. Hier thront eine kleine Kapelle auf einem mächtigen Felsen. Auf einem der vielen Wanderwege spazieren wir zu einem kristallklaren Gletscherbach. Seine vielfältigen Verästelungen vermitteln eine entfernte Vorstellung davon, mit welcher Urgewalt die Wassermassen sich im Frühling hier ihren Weg bahnen müssen.

Wir düsen mit gebremster Kraft nach einer ebenso kurzen wie erfrischenden Kneippkur hotelwärts, nicht ohne vorher noch in ein schmales Seitental hineinzuschnuppern. Das Plätschern eines Baches und Gezirpe von Grillen vermischt sich mit den gut gedämpften Triebwerkstönen zu einem beschwingenden Sound. Nach einigen Minuten indes muß die Kawa gezwungenermaßen aus dem Terzett aussteigen. Am Ortsanfang von Vincendières findet die freie Fahrt für jegliche motorisierten Touri-Fahrzeuge nämlich ihr Ende. Also bringen wir Bewegung in die müden Muskeln und schlendern zu Fuß an den taltypischen grauen Gemäuern vorbei, die ihr Alter nicht verstecken. Bis Avérole führt das Sträßchen, mit über 2.000 m ist das Dörfchen zugleich der höchstgelegene Ortsteil von Bessans.

Daß sich hinter manchen Maurienne-Mauern ungeahnte Schätze verbergen, erfahren wir, als wir die Gotteshäuser im Tal einmal nicht links liegen lassen. Hinter der Grundschule von Lanslevillard versteckt sich die Kapelle St.-Sébastien.

Äußerlich mehr als unscheinbar, verblüfft das zierliche Gotteshaus drinnen mit wunderbarem Wandschmuck. Farbige Fresken zeigen Szenen aus dem Leben des Heiligen Sebastian und dem Wirken Jesu. Kunstkennern offenbaren sie flämische, italienische und byzantinische Einflüsse. Gestiftet hat Kirche wie Kunstwerke 1446 ein reicher Mitbürger zum Dank dafür, von der Pest verschont geblieben zu sein. Ähnlich gut erhaltene Wandmalereien finden sich in der Maurienne sonst nur noch in der Kapelle St.-Antoine in Bessans. Dort hat der Schöpfer der vierzig Bilder aus dem 16. Jahrhundert Elemente des Alltagslebens in jener Zeit in die neutestamentlichen Darstellungen integriert. Mal sind es typische Kopfbedeckungen, mal arbeitende Bauern oder ein Schinken. Eine Sammlung von Heiligenfiguren einheimischer Bildhauer ergänzt das Inventar,

Ungeschminkt: Hochgebirgsarchitektur am Beispiel dieses Hauses in Avérole

Entspannung: Wer sich treiben läßt, findet so manches verschwiegene Plätzchen

zusammen mit handgeschnitzten Teufeln! Diverse Legenden ranken um die geflügelten Höllenwesen; wahr ist, daß solche Teufelchen mittlerweile famos vermarktet werden.

Die Finanzmittel für die Renovierung der Dorfkirche nebendran stammen jedoch aus dem Staatssäckel. Sie sind Teil eines Renovierungsprogramms, das 61 Kapellen im Tal umfaßt und im Zuge der Olympischen Winterspiele in Albertville aufgelegt wurde. Ansonsten aber haben die Bewohner des Maurienne-Tals von den Wettkämpfen im Zeichen der fünf Ringe kaum profitiert, wie unser Hotelier mit sichtlichem Bedauern erzählt. Fürstlich dagegen verdienten einige Jahrhunderte zuvor die Grafen von Savoyen an Reisenden, die kürzeste Verbindung zwischen Frankreich und Piemont über den Mont Cenis (damals noch von Bramans aus über den Col du Petit Mont Cenis) wählten. Barbarossa etwa wurde von Graf Humbert Weißhand ebenso zur Kasse gebeten (er setzte daraufhin aus Wut die Stadt Susa in Brand) wie ein Jahrhundert zuvor Heinrich der IV anläßlich seines Gangs nach Canossa. Letzterer löhnte gleich eine ganze Provinz an seine Schwiegermutter Adelheid.

Schon 218 vor Christus überquerte möglicherweise Hannibal hier die Alpen. Während der sich seinen Weg noch durch Eis und Schnee bahnen mußte, rauschen wir, von Wetterunbilden unbehindert, über die passable, aber wenig faszinierende Paßstraße zwischen Lanslebourg und Susa. Türkis schimmert der Lac du Mont Cenis im Mittagslicht, das

Unscheinbar: die Kapelle St. Sébastien in Lanslevillard

Offenbarung: So manche Maurienne-Kapelle wartet mit wunderbarem Wandschmuck auf

Gelände rund um die Staumauer ist fest in der Hand italienischer Ausflügler. Das Auto ab-, Liegestühle aufgestellt – fertig ist das sonnige Sonntagsvergnügen.

Unfreiwillige Unterhaltung steuern wir hinzu, als wir auf einer überaus steilen und schottergespickten »diretissima« zur Staumauer runterrutschen – zum offensichtlichen Vergnügen der feixenden Zuschauer. Unten angekommen, bemerken wir den Grund für das Gelächter: Da gibt's doch noch eine Zufahrt, kehrenreich und völlig ungefährlich...

Nur wenige Kilometer trennen das Valle di Susa und die Haute Maurienne, die Kontraste aber sind phänomenal. Beschauliche Stille auf der einen, pralles Leben auf der anderen Seite des Mont Cenis. Überall stehen in Susa Ragazzi in Gruppen zusammen und parlieren gestenreich, untermalt wird die Geräuschkulisse durch stetig aufbrandende Auspuffarien auf- und abfahrender Auto- und Zweiradcorsos. Wir genießen das Schauspiel vom Café Edelweiss aus und schlürfen derweil einen Capuccino. Am Neben-

Teufel: Dieses handgeschnitzte Höllenwesen logiert in der Kapelle St. Antoine de Bessans

tisch erzählen drei österreichische Enduristen von einer Bol d'Or und zwei VT 600 C, die ihnen auf dem Colle delle Finestre begegnet sind. Wir ersparen der Kawa das Schotterspektakel und bleiben auf asphaltierten Pfaden, mit Kurs auf die Kirche St. Michele.

Mit den Worten »schöner als Mont St.Michel« hatte man uns beim Fremdenverkehrsamt in Lanslebourg den Besuch der Sehenswürdigkeit ans Herz gelegt. Große Vorfreude jedoch weckt die Tour durch das Valle di Susa nicht gerade, die kehrenreiche Etappe über Mattie nach Bussoleno samt sehenswerter Dorfszenerien einmal ausgenommen. Darauf jedoch folgt eine vielbefahrene und fahrerisch wie landschaftlich wenig reizvolle Route. In Avigliana zweigt dann ein schmales Sträßchen ab, führt zwischen zwei Seen hindurch und windet sich hinauf zu waldigen Höhen, über die sich das mächtige Bauwerk unübersehbar erhebt. Unablässig wälzen sich Reisebus- und Autokolonnen hektisch den Berg hinauf und hinunter, als gebe es im ganzen Umkreis kein anderes Ausflugsziel. Eine Weile lassen wir das hektische Treiben über uns ergehen, doch dann schauen wir uns an und die Blicke sprechen für sich: Nichts für uns. Also verzichten wir auf den Anblick von St.Michele aus der Nähe und das Erlebnis wogender Menschenmassen und kehren auf halber Strecke um, basta.

Jenseits der Grenze erwartet uns wieder der gewohnt ruhige Rhythmus des Maurienne-Tals. Eine der schönsten Strecken zweigt in Sollières-Sardières von der N 6 ab. Wer allerdings zu sehr dem Kurvenspaß frönt, verpaßt garantiert den Abzweig zum »Monolithe«. Inmitten eines Waldgebietes ragt dieser spitz zulaufende Fels fast hundert Meter hoch empor. Von Menschenhand geschaffen sind dagegen die steinernen Formationen zwischen Avrieux und Aussois. Die zwischen 1819 und 1833 errichteten Forts de l'Esseillon (Charles-Albert, Charles Félix, Marie-Christine, Victor-Emmanuel sowie die Redoute Marie-Thérèse) sollten das Königreich Piemont-Sardinien im Andenken an napoleonische Eroberungskriege vor neuerlichen französischen Feldzügen schützen. Glücklicherweise mußten die Verteidigungsanlagen ihre Tauglichkeit nie unter Beweis stellen.

Ein Bollwerk ganz anderer Art ist der Parc Nationale de la Vanoise. Das riesige Naturschutzgebiet von 53.000 Hektar Größe bedeutet für bedrohte Tier- und Pflanzenarten ein einzigartiges Refugium. Mountainbiker haben in dem 1963 geschaffenen Areal deshalb ebensowenig etwas verloren wie

Abstecher: Das Maurienne-Tal belohnt Umwege mit schönem Ambiente

Martialisch: die zwischen 1819 und 1833 errichteten Forts d'Esseillon

Skifahrer oder Enduristen. Von Termignon aus kurven wir zum 2.307 Meter hoch gelegenen Parkplatz Bellecombe und wandern von dort aus zur Berghütte Refuge du Lac. Eine düstere Szenerie umspannt das Gletscher-Massiv. Die Vanoise-Spitzen stecken in dunklen Wolken, allen voran der 3.697 Meter hohe Dent Parrachée. Kahle Berghänge, mit einer dünnen Grasnarbe bedeckt und durchsetzt mit Felsbrocken, vermögen die Atmosphäre auch nicht aufzulockern. Steinböcke sollen hier leben, unseren Augen bleiben sie jedoch verborgen. Dafür herrscht an Murmeltieren

kein Mangel. Bis auf wenige Meter können wir uns jüngeren Exemplaren nähern, dann verschwinden auch sie blitzschnell in einem Bau. Auch wir sehnen uns nach einer Behausung, als die ersten Tropfen fallen.

Stunden später sitzen wir im stilvollen Speisesaal des Hotel Alpazur bei Salat mit Gänseleberpastete, Perlhuhn, Käseplatte sowie einem trockenen Weißwein und feiern Abschied.

Auf wen wir als erstes anstoßen?

Natürlich auf unseren Freund Denis – und die Haute Maurienne.

INFO HAUTE MAURIENNE

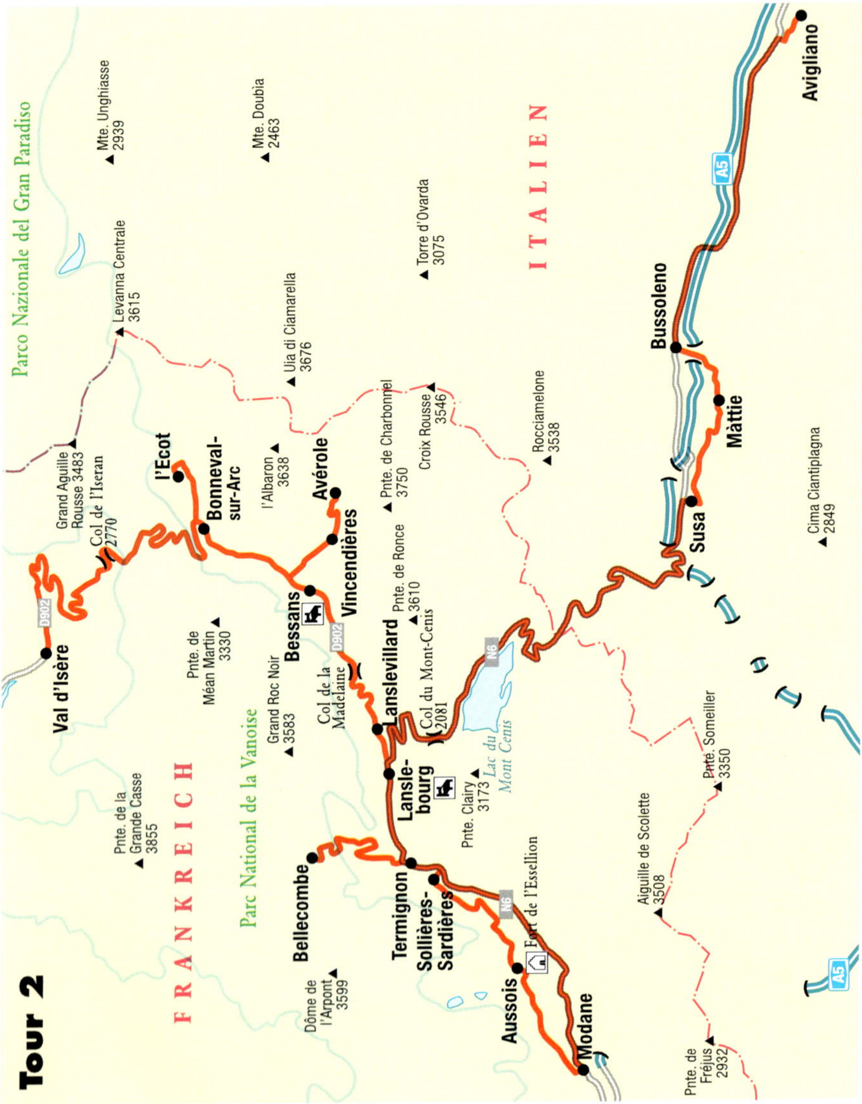

Gefahrene Strecke
(einschließlich Abstecher):
etwa 700 Kilometer

Karte:

Michelin Regionalkarten 74: »Lyon, Chambéry, Genève« und 77: »Valence, Grenoble, Gap«, jeweils 1 : 200000; 7,80 Mark.

Route:

Modane – Aussois – Sollières-Sardières – Termignon – Lanslebourg – Lanslevillard – Col de la Madeleine – Bessans – Bonneval-sur-Arc – Ecot – Col d'Iséran – Val d'Isère und Lanslebourg – Col du Mont Cenis – Susa – Mattie – Bussuleno – Avigliana.
Die schnellste Anreise erfolgt entweder über die Autoroute A 43/A6 (Mulhouse-Lyon) und A 43 (Lyon-Chambéry) bzw. A 431 bis Aiguebelle oder alternativ durch die Schweiz und über die A 41 (Genève-Chambéry) und A 431 bis Aiguebelle

Übernachten:

(Vorwahl aus Deutschland 0033)

●●● Alpazur
73480 Lanslebourg
Telefon: 479-059369
Fax: 479-058655
Eine der ersten Adressen zwischen Modane und dem Col d' Isère, Annehmlichkeiten wie abschließbare Garage und ein exzellentes Restaurant mit vernünftigen Preisen inklusive.

●● Le Grand Fond
73480 Bessans
Telefon: 479-058305
Fax: 479-059558
1990 eröffnetes Hotel mit schönen Zimmern, Garage und Fitneßraum, motorradfahrerfreundliche Inhaber

INFO HAUTE MAURIENNE

Treffpunkte:

Der Motorradfahrertreffpunkt ist natürlich der Col d'Iséran, einer der bekanntesten Alpenpässe überhaupt. Ein weiterer Tip für Biker ist der Campingplatz »Camping Caravaning Municipal« in Lanslevillard.

Sehenswert:

Die »Schätze« der Haute Maurienne wollen entdeckt werden und lohnen einen Aufenthalt, zumal das Tal bisher von Bausünden und Betonburgen verschont geblieben ist.
Kein Weg führt an einer der kleinen Käsereien entlang der Arc vorbei, etwa in Bonneval oder Bessans. Dort darf man einen Blick hinter die Kulissen werfen und kann sich gleich mit Käse eindecken.
Auch an den Kapellen St. Sébastien in Lanslevillard und St. Antoine in Bessans mit ihren außergewöhnlichen Wandmalereien sollte man nicht achtlos vorbeifahren.
Ecot versprüht den Charme eines Bergdorfes, an dem die Zeit spurlos vorübergegangen zu sein scheint.
Etwas versteckt in einem Waldstück nahe Sollières-Sardiéres erhebt sich der Monolithe, ein Fels-Monument.
Zwischen Avrieux und Aussois warten die Forts de l'Esseillon auf Besucher.
Von Termignon aus läßt sich der Parc Nationale de la Vanoise erobern – und zwar per pedes vom Parkplatz Bellecombe aus.

INFO HAUTE MAURIENNE

Obligatorisch: Erinnerungsfoto auf dem Col d'Iséran

Adressen:

(Vorwahl aus Deutschland 0033)

Frankreich-Information
Telefon: 0190/570025
(Anforderung von Broschüren)

Maison de la France
Westendstraße 47
60325 Frankfurt/M.

Fax: 0190/599061
(alle wichtigen Informationen zum Reisegebiet)

Haute Maurienne Informations
73480 Lanslebourg
Telefon: 479-059157
Fax: 479-058096

Französische Botschaft
Kapellenweg 1a
53179 Bonn
Telefon: 0228/362031

Pause: Musestunde am Lac de Sainte Croix

Ein Kaiser auf dem Sozius

Auf kaiserlichen Pfaden wandelt der Reisende entlang der kulturell und landschaftlich interessanten Route Napoléon in Richtung Süden.

ROUTE NAPOLÉON

Die Mixtur aus Benzin- und Dieselabgasen beißt in der Nase, unter Tourenjacke und Lederkombi entwickelt sich langsam, aber sicher ein subtropisches Klima. Meine Laune ist auf dem Nullpunkt, und ich muß mich förmlich zusammenreißen, um zwischen all den Blechkarossen keinen Wutschrei auszustoßen. Das hatte ich mir wirklich einfacher vorgestellt, den Einstieg in die Route Napoléon bei Grenoble, also aus umgekehrter Richtung. Meine Begleiterin scheinbar auch, die Zweifel an meinem Orientierungssinn und ihr Unmut über das Gestochere im Grenobler Stadt- und Autobahnverkehr stehen ihr förmlich ins Gesicht geschrieben.

Dabei hatte ich vorsichtshalber noch einmal im zuständigen Office de Tourisme nachgefragt. Dem jungen Herr schien der Name dieser legendären Straße gar nichts zu sagen, und so zog er etwas verlegen eine Dame zu Rat. Die kannte sich offensichtlich viel besser aus und erklärte mir zunächst in Französisch und dann noch einmal in gut verständlichem Englisch den rech-

Highlight: Lac de Sainte Croix am Ende der Schluchten des Verdon

Labyrinth: die Gorges du Verdon

ten Weg: »Zunächst den Weg durch die Stadt auf die Autoroute A 48 finden, von der dann die Route National RN 85, die Route Napoléon, abknickt.«

Irgendetwas muß ich falsch verstanden haben, oder, gelinde gesagt, die inhaltlichen Ausführungen der Dame wurden ihrem selbstsicherem Auftreten einfach nicht gerecht. Jedenfalls hab' ich jetzt den Ärger und eine sichtbar gereizte Beifahrerin am Hals. Kann sich wohl jeder vorstellen, wie leicht einem in solchen Situationen Konzentration und nüchtern-sachliches Lesen von Verkehrsschildern und Karte fallen.

Als gar nichts mehr zu gehen scheint, entschließ ich, mich ganz auf meinen gesunden Menschenverstand und mein Gedächtnis zu verlassen. Denn vor zwölf Jahren habe ich mir schon einmal per Bike den Weg durch die stark befahrenen Straßen der Olympiastadt auf die Route Napoléon gebahnt. Damals bin ich ganz einfach den Schildern in Richtung Gap und Sisteron nachgefahren, ohne irgendeine Karte der Region im Kartenfach des Tankrucksacks. Und siehe da, das klappt auch dieses Mal wieder hervorragend.

Langsam scheint auch der Gesichtsausdruck meiner Bei-

Imposant: Bergwelt rund um den Verdon

fahrerin wieder freundlichere Linien zu zeichnen. Zwischendurch hatte ich schon einmal den Eindruck, Feldherr Bonaparte sitze höchstpersönlich auf dem Rücksitz und gebe den Aufbruchsbefehl in die rechte Richtung. Sichtlich lockerer schwenke ich die RT durch die Links-Rechts-Kombinationen nach Vizille, dabei stets auf den Befehl von hinten zur Rast wartend. In Laffrey erblickt dann der weibliche Napoléon auf dem Rücksitz seinen Konterfei am Straßenrand, der hoch zu Roß über die umliegende Gebirgslandschaft und den darin eingebetteten See zu wachen scheint.

Der Anblick scheint zu wirken. Andrea möchte eine kurze Gedenkpause einlegen, und wir graben gemeinsam in der Historie: Am 7. März 1815 trifft der

aus dem Elbaner Exil kommende Kaiser auf die königlichen Truppen Ludwigs XVIII. Sie sollen den Eindringling aufhalten. Würdevoll tritt Bonaparte vor die Truppen und fordert: »Soldaten, wenn einer unter euch ist, der seinen Kaiser töten will, bitte, hier bin ich.« Wie in einem guten Film schließen sich die Truppen des Königs der kaiserlichen Armee an und rücken mit ihr gen Paris vor.

Wir hingegen wählen, wie schon gesagt, die umgekehrte Richtung. Schließlich geht es in den Süden in den wohlverdienten Jahresurlaub. Eile ist jedoch nicht angesagt, nach zwei mehr oder weniger von Hektik begleiteten Fahrten auf dieser Route in vergangenen Jahren möchten wir uns dieses Mal richtig Zeit lassen. Denn ein Rückblick schwemmt Erinnerungen an abenteuerlich geschwungene Bergsträßchen und märchenhafte Bergdörfer an, die sich wie Adlerhorste eng an die Felsen der Alpes-de-Haute-Provence und der Hautes Alpes schmiegen. Ein angemessenes Plätzchen für die nächtliche Fahrpause zwischendurch zu finden, ist nicht schwer. Denn entlang dieser Strecke haben sich verschiedene Hotels zur »Groupement des Hôteliers-Restaurateurs de la Route Napoléon« zusammengeschlossen. Ständige staatliche Kontrolle gewährleistet zudem die adäquate Betreuung der Touris.

Nachdem wir der Forderung unserer müden Knochen nach einer erholsamen Nacht in La Mure nachgegeben haben, peilt unser im Vergleich zu den kaiserlichen Truppen eher beschei-

Einladend: das Tor zur Provence in Sisteron

dener Troß aus Gummikuh, Kutscher und Feldherr am nächsten Tag Gap an. Auch wir werden zunächst aufgehalten, wie der Kaiser von militärischen Truppen. Ein Konvoi aus französischen Militärfahrzeugen schleicht bedächtig durch die Berge und vermiest einem durch Kriechgang und Dieselabgase jede Kurve in der sonst erfrischenden Gebirgsluft. Die modernen Waffen des Kutschers sind Gasgriff, Boxer-PS, Telelever und Paralever. Gegen die ist kein Kraut beziehungsweise kein Landstraßengegner gewachsen. Von wegen Gummikuh, hier ziehen gut durchtrainierte Galopper mit stählernen Muskeln kräftig an der Leine.

Der Feldherr sieht's mit Genugtuung. Kurz vor Corps haben wir unsere olivgrünen Verfolger abgehängt und genießen den Blick auf unseren ersten Bergsee. Der vorher noch wolkenverhangene Himmel klart allmählich auf, und die Strecke wird zunehmend kurviger. Eine halbe Stunde später sitzen wir bereits in einem kleinen Straßencafé in Gap und genießen bei einer Tasse Café au lait und einem

Stück Torte die wärmende Kraft der Sonne. Gott in Frankreich, du meinst es gut mit uns.

Gap, die Hauptstadt des Départements Hautes-Alpes, begeistert mit einer malerischen Altstadt. Am Place Jean Marcellin läßt sich hervorragend die Zeit vertrödeln, die wohltuende Ruhe zur Mittagszeit eignet sich für ein meditatives Päuschen. Gute klimatische Bedingungen und das breite Kulturangebot garantieren der Stadt einen großen Besucherstrom und damit Wohlstand. Überhaupt genießt das Département laut einer Untersuchung 1992 die höchste Lebensqualität in ganz Frankreich.

Unsere Lebensqualität bedeutet reisemotorradeln, auch wenn die Strecke nach Sisteron schnellstraßenähnlich ausgebaut ist. Schon von weitem ist das Wahrzeichen der Stadt, die Zitadelle, zu erkennen, die hoch oben auf einem der zwei charakteristischen Felsmassive Sisterons wacht. Tief drunten hat sich die Durance in Jahrtausenden ihren Weg gebahnt und das Tor zur Provence aufgestoßen. Daher auch der heutige Name dieser Felsenge »Rocher de la Baume«. Andrea fühlt sich in den steilen Gäßchen mit den vielen Treppenstufen und den andrônes, den für Sisteron typischen Stützbogen, sichtlich wohl. Inmitten dieser beschaulichen Atmosphäre scheint mein Bild vom Befehlshaber auf dem Rücksitz zu verschwimmen.

Aus Südosten herannahende tiefschwarze Wolken mahnen zur Weiterfahrt. Wenig später hat uns das naßgraue Wetter, vor dem wir im herbstlich kalten Deutschland geflohen sind, wie-

Schmal: Gassen der Altstadt von Sisteron

der. Zum Glück ist die Straße nach Digne-les-Bains ebenfalls gut ausgebaut, denn im Regenschauer können wir getrost auf die enggeschwungenen Sträßchen der Alpes-de-Haute-Provence mit ihrem unebenen, vielfach ausgebesserten und teils rutschigen Asphalt verzichten. Doch schon hinter Digne wird

Denkmal: Napoleon I., französischer Kaiser von 1804 bis 1814/15, als Statue bei Laffrey

die Route Napoléon wieder kurviger, so daß ich das Tempo deutlich drosseln muß. Schließlich will ich ja die Kaiserin auf dem Rücksitz heil in den sonnigwarmen Süden bringen.

Hinter Taulanne wird es noch einmal bitterkalt und feucht. Unsere BMW schiebt sich vorsichtig voran zum 1148 Meter hohen Col de Leques, der nebelverhangen nur wenige kurzsichtige Blicke in die atemberaubenden Schluchten zuläßt. Es ist später Abend, als wir die Straße nach Castellane hinunterrollen, das schon von weitem anhand der kleinen Kapelle auf einem monströsen Kreidefelsen sichtbar ist. Nach gut einer Stunde Quartiersuche landen wir doch noch einen Volltreffer. In einer Hinterhofstraße parallel zur Hauptstraße findet sich im frisch renovierten Hotel des Fleurs ein günstiges und gut ausgestattetes Zimmer. Unseren Stahlgalopper können wir direkt vor der zimmereigenen Terrassentür parken. Welch ein Service! Bei einer Flasche Rosé und einem Dreigängemenü lassen wir den Tag ausklingen. Der Wein ist gut fürs Gemüt und sorgt nicht nur bei Andrea »Bonaparte« für einen geruhsamen Nachtschlaf.

Das dröhnende Geräuch eines dicken Dieselmotors beendet die

Wahrzeichen: Kapelle hoch oben über Castellane

kraftspendende Nachtruhe am frühen Morgen. Unmittelbar hinter dem Hotel schaufelt ein Bagger wie wild im Flußbett des Verdon. Macht aber nichts, denn so können wir nach dem obligatorischen Baguettefrühstück bei strahlendblauem Himmel um so früher dem Verlauf des Flusses durch die engen Schluchten der Gorges du Verdon folgen. Ein beeindruckendes Erlebnis, das wegen der tollen Ausblicke und des gebotenen Fahrspasses ein Abweichen von der Route Napoléon rechtfertigt.

In einer Tiefe von 250 bis 700 Metern sucht sich der leuchtend grüne Fluß, daher auch der Name (frz. verdir – grün), seinen Weg durch die Kalksteinfelsen hindurch, mittendrin eindrucksvoll in den Lac de Sainte Croix mündend. In Aiguines auf der anderen Seite der Schlucht gönnen wir unseren BMW-Gäulen die wohlverdiente Mittagsruhe. Zudem verlangt der Feldherr auf dem Rücksitz nach etwas Süßem, Crêpes mit Nougatcreme sind da genau das Richtige zur Stärkung.

Klare Sache: Blick über die französischen Seealpen

Glasklar: Bergsee in der Nähe von Corps

ROUTE NAPOLÉON

Tourenzauber: die Schluchten des Verdon

Die Fahrt auf der anderen Seite der Schlucht wieder zurück in Richtung Castellane ist mindestens ebenso beeindruckend. Zahlreich kreuzende zweirädrige Kollegen bestätigen unser Urteil, daß der Abstecher zum Lac de Sainte Croix auf jeden Fall lohnt. Im Gegensatz zum französischen Kaiser haben wir ausreichend Zeit und marschieren nicht nach Paris, um Besitzansprüche anzumelden, sondern zur Côte d'Azur, um ein paar erholsame Tage am Strand zu verbringen.

Unsere Fahrt in Richtung Süden über die Route Napoléon greift diesem Urlaub aber schon vor. Ab Castellane windet sich die Straße wieder abenteuerlich durch die Berglandschaft.

Schroffe Felsen wechseln jetzt immer häufiger ab mit Hochebenen, auf denen zartes Almgras wie ein dichtgewobener Teppich liegt. Mittendrin wie Inseln kleine Kapellen, die trutzig ihr Gemäuer aus Bruchstein zur Schau stellen. Nur wenige Kilometer vor Grasse rafft sich die Straße dann am Pas de la Faye noch mal zu einer Kurvenorgie erster Güte auf. Ein wahrer Motorradschmaus, der vom ächzenden Kratzen des RT-Hauptständers akustisch untermalt wird.

Es liegt was in der Luft, als wir die RN 85 nach Grasse hinunterrollen. Liebliche Düfte aus Jasmin, Rose, Lilie und Lavendel verzaubern unsere Nasen, die weiblichen Instinkte des leicht schläfrigen Feldherrn auf dem Sozius sind geweckt. Grasse gilt als Parfümhauptstadt der Welt, echte »Supernasen« kreieren hier den Duft der großen weiten Welt. Was in Europas Modemetropole Paris und anderswo zu sündhaft hohen Preisen die Damen von Welt verzückt, durchläuft unweit der Côte d'Azur unzählige Dufttests, ehe es den Weg in die Nasen antreten darf.

Wir hingegen treten die letzte Etappe zu unserem vorläufigen Reiseziel Cannes an. Inmitten der dichten Blechlawine sind die eben noch verspürten Düfte passé, Abgasgestank ist nun in aller Nase. Das emsige Hindurchschlängeln zwischen den Autoschlangen bringt zwar ein paar Minuten Gewinn, erfordert ob der Rallyeerfahrung vieler Autofahrer aber auch ein hohes Maß an Konzentration. Zeitgleich schwinden mit jedem Meter nicht nur meine Gedanken an die Route Napoléon und ihre Bedeutung, sondern auch die befehlsbetonten Anweisungen vom Rücksitz, bis sie schließlich völlig hinter uns in den Bergen der Alpes Maritimes verhallen. Andrea's Blick ist wieder genau so, wie ich ihn vor unserer Tour kannte: freundlich und warmherzig. Auch die Galopper unter mir nehmen langsam wieder blech- und kunststoffverschalte, moderne Formen an. War alles nur eine

Bizarr: Bergwelt oberhalb von Castellane

Erhebend: Fahrt in der Bergwelt bei Castellane

sinnliche Täuschung, habe ich mir das alles vor dem Hintergrund historischer Ereignisse und Bilder nur eingebildet?

Bereits zwei Tage später verschwende ich keinen Gedanken mehr daran, als ich frühmorgens durch die Nebensträßchen der Croisette schlendere. Quasi im Augenwinkel registriere ich im letzten Moment an der Kirche in der rue Notre Dame in großen Lettern den Namen des französischen Kaisers: »Napoléon« und die nach ihm und seinem Marsch auf Paris benannte National-

straße RN 85, die Route Napoléon, haben mich wieder. Denn genau hier, am Fuß der Kirche Notre-Dame-de-Bon-Voyage biwakierte der Korse am 2. März 1815 nach seiner Landung bei Golfe-Juan. Wie ein Film laufen die Geschehnisse von damals und die während unserer Fahrt gemachten Erlebnisse noch einmal vor meinen Augen ab. War vielleicht doch nicht alles nur Einbildung? Und mit welcher Haltung wird mir Andrea bei meiner Rückkehr ins Hotel gegenübertreten ...?

INFO ROUTE NAPOLÉON

Gefahrene Strecke
(einschließlich Abstecher):
etwa 400 Kilometer

INFO ROUTE NAPOLÉON

Karten:

Regionalkarte Nr. 244: »Rhônetal – Französische Alpen«, Michelin, 1 : 200000; 12,80 Mark, ISBN 2-06-700244-9.
Regionalkarte Nr. 245: »Provence – Französische Riviera«, Michelin, 1 : 200000; 12,80 Mark, ISBN 2-06-700245-7

Route:

Grenoble – Vizille – Laffrey – la Mure – Corps – Gap – Durance – Sisteron – Digne-les-Bains – Taulanne – Col de Leques – Castellane – Canon du Verdon/Lac de Sainte Croix – Aiguines – Castellane – Pas de la Faye – Grasse – Cannes

Übernachten:

●●● Hotel-Restaurant R. Helme
Ancien Elève de lÉ.H. de Nice
38350 La Mure
Telefon: 476-810196
Fax: 476-811768
Einfaches, aber ausreichend komfortables Hotel mit gutem Essen. Motorräder parken unmittelbar vor der Rezeption.

●●● Hotel de Fleurs
Quartier des Aires
04120 Castellane
Telefon: 492-837849
Ideales Basislager für eine Eroberung der Schlucht von Verdun. Motorräder können direkt hinter dem Haus, unmittelbar vor den Zimmern, auf der Terrasse geparkt werden.

●●● Hotel Alize
29, Rue Bivouac Napoléon
06400 Cannes
Telefon: 493-396217
Fax: 493-396432
Einfaches, aber ordentlich ausgestattetes Hotel (Zimmer einfach bis teuer) im Zentrum von Cannes (keine zwei Gehminuten zum Hafen). Motorräder müssen aber auf der Straße unmittelbar vorm Hotel geparkt werden. Portier hat ein Auge drauf, zusatzliches Bügel-/Kettenschloß ist aber anzuraten.

●●● Hotel les Mouettes
11, Rue du Congrès
06000 Nice
Telefon: 493-881776
Typisches Traveller-Hotel am Rande des Zentrums von Nizza, ideal für ein bis drei Tage Aufenthalt, wenn ma keinen über-

Einladend: Crêperie in Aiguines

mäßigen Komfort verlangt. Die Zimmer sind sauber, die Angestellten freundlich. Motorrad parkt allerdings auf dem Gehweg unter einer Laterne (gut einsehbar), zusätzliches Schloß anzuraten.

Treffpunkte:

Allgemein trifft man in den hier genannten Hotels stets auf Motorradfahrer aus aller Herren Länder, denn die Route Napoléon zählt unter den Bikern zu einer der populärsten Strecken in Europa.
In Cannes trifft man am Hafen auf eine Kneipe im Harley-Davidson-Outfit.
Rund um den Lac de Sainte Croix sind von Frühjahr bis Herbst viele Motorradfahrer unterwegs, die zu einem Plausch am Straßenrand aufgelegt sind.

Sehenswert:

Kaum ein größerer Ort entlang der Route Napoléon läßt es sich nehmen, sein allgemeines und speziell auf den französischen Kaiser ausgerichtetes Kulturgut dem Reisenden zu präsentieren. In Sisteron sollte man den Spaziergang durch die engen Altstadtgassen und hinauf zur Zitadelle nicht scheuen. In Grasse hingegen empfiehlt sich eine (auch deutschsprachig) geführte Besichtigung einer der zahlreichen Parfümdestillerien. In Cannes sollte man die reizvolle Altstadt besuchen. Empfehlenswert ist unterwegs der Abstecher zu den Gorges du Verdon. Am Lac de St. Croix kann man wie am Verdon oder auch entlang der Durance Kanu- und Kanutouren buchen. Außerdem empfehlenswert sind geführte oder ungeführte Mountainbiketouren oder Wanderungen durch die bizarre Bergwelt.

✉ Adressen:

(Vorwahl aus Deutschland: 0033)

Frankreich-Information
Telefon: 0190/570025
(Anforderung von Broschüren)

Maison de la France
Westendstraße 47
60325 Frankfurt/M.
Fax: 0190/599061
(alle wichtigen Informationen zum Reisegebiet)

Comité Départemental du Tourisme des Alpes-de-Haute-Provence
19, Rue du Docteur Honnorat
04005 Digne-les-Bains Cédex
Telefon: 492-315729
Fax: 492-322494

Im Zeichen der Burg: Sisteron mit Zitadelle

Mystisch: Felsdurchfahrt am nebelverhangenen Col de Leques

Comité Départemental du
Tourisme des Hautes Alpes
5 ter, Rue Capitaine de Bresson
05002 Gap Cédex
Telefon: 493-536200
Fax: 493-533160

Comité Regional du Tourisme
Provence Alpes Côte d'Azur,
Immeuble CMCI
2, Rue Henri Barbusse
13241 Mareseille Cédex 01
Telefon: 491-393800
Fax: 491-566661

INFO ROUTE NAPOLÉON

Fluchten in Schluchten

Seit Jahrhunderten ist die Kulturlandschaft der Provence Zufluchtsort wie Sammelbecken für Verfolgte, Gepeinigte und Zivilisationsmüde.

Handarbeit der Natur: Die »Häkel«-Spitzen von Montmirail

Wild tosend, einem feuerspeienden Drachen gleich, spuckt die große Wassermasse riesige Fontänen in den blaugerahmten Himmel. Der Meeresgrund bebt, droht förmlich zu zerspringen, und in der Folge einer immensen Druckwelle schiebt sich langsam, aber stetig, eine breite Felsmasse empor zur Wasseroberfläche. Beinahe vorsichtig lugen die ersten Felsspitzen aus dem triefenden Naß heraus, ehe sie sich in all ihrer Eleganz und Grazie dem Himmel entgegenstrecken. In hohen, wellenförmigen Bewegungen schwingen sich die höchsten Erhebungen von Ost nach West, am imposantesten deren Gipfel, die heute als Lubéron, Alpilles, Baronnies, Sainte-Baume, Sainte-Victoire und als Ventoux bekannt sind.

Tunnelfahrt: Biken in der Nesque-Schlucht

So ähnlich, nur in Zeitlupe, muß sich das grandiose Schauspiel zugetragen haben, das vor zirka 50 Millionen Jahren neben dem schon vorhandenen Felsenkontinent Tyrrhenia die Landmasse der heutigen Provence aus dem Meer hervorbrachte. Gedankenversunken stehe ich inmitten einer Mondlandschaft aus Steinen und Geröll hoch oben auf dem 1.912 Meter hohen Gipfel des Mont Ventoux. Vom oft beschworenen absoluten Licht und den daraus resultierenden klaren Farben der Provence ist heute allerdings nichts zu spüren. Das Umland ist in einen diesigen Teppich eingehüllt, der uns die ansonsten phänomenale Weitsicht verwehrt.

Der schon von Griechen, Kelten und Römern zum Thron der Götter erhobene Berg scheint vieles mit der Region gemein zu

Prunkbau: Stadttheater im Zentrum von Avignon

haben. Genauso abwechslungsreich und vielseitig wie die weitere geologische und historische Entwicklung der Region sowie deren Bewohner präsentiert sich der Ventoux vom »Scheitel bis zur Sohle«, sprich vom Gipfel über seine abfallenden Seiten bis hin zum unmittelbaren Umland. Nach Norden hin stellt er sich mit steilem, aber kargen Abgrund stolz und ehrwürdig dem aus dem Rhônetal blasenden Mistral entgegen, um die fruchtbaren Gebiete im Süden und Westen zu schützen. Hier findet der Besucher eine variantenreiche, üppige Vegetation vor. Olivenhaine wechseln ab mit Kirschbaumfeldern und Weinreben. Nach Osten hin fällt der Riese wesentlich flacher ab, hier bringen die für dieses Gebiet charakteristischen tiefvioletten Lavendelfelder zusätzliche Farbe ins Spiel.

Weit weniger imposant fällt wenige Tage zuvor unsere Ankunft in der Provence aus. Wir und unsere Harleys stecken nämlich mitten im Stau, an einer Aus-, besser ausgedrückt »Ein-« fallstraße von Avignon. Die Begrüßung der Kulturmetropole und Papststadt fällt somit eher ernüchternd aus. Abwechslung in

Insider: der Maler und Fotograf Steffen Lipp (rechts)

diesem Bandwurm aus Blech bieten die hier ungewöhnlich häufig anzutreffenden V2 aus Milwaukee. Als wir aber wenig später noch erfahren müssen, daß diese Ansammlung auf das just an diesem Tag endende Harley-Treffen in Carpentras zurückzuführen ist, ist die erste Enttäuschung vollends perfekt. Sogar Kino-enfant-terrible Mickey Rourke und Frankreichs alternder Rockstar Johnny Hallyday sollen dorthin zum Meeting gefunden haben.

Sprichwörtlich weggeblasen ist unser Unmut am nächsten Morgen, denn der schrill pfeifende Mistral scheint über Nacht alle nur annähernd an Wölkchen erinnernde Gebilde am Himmel mit breitem Besen weggefegt zu haben. Unter strahlendblauem Himmelsdach präsentiert sich uns der Papstpalast in voller Würde. Der alte Teil dieses Baumonuments wurde zwischen 1334 und 1342 von Papst Benedikt XII., der neue vom Nachfolger Clemens VI. fertiggestellt. Auch hier klar gezeichnete Gegensätze: Der düstere Charakter Benedikts steht für die nüchterne Architektur des alten Palastes, der lebensfrohe Clemens ließ sich von der pittoresken Landschaft der Provence inspirieren und schuf farbenfrohe Deckenmalereien und kunstvolle Verzierungen im Kalkstein – sozusagen ein Protagonist der ersten echten Aussteiger, die so zahlreich hier in diese Gegend fanden.

Es ist noch recht früh am Morgen, als wir zu Fuß den Place d'Horloge überqueren. Wahrscheinlich liegen all die Kleinkünstler noch in den Federn (oder unter den Brücken), die sonst diesen Platz durch ihre improvisierten Vorführungen mit Leben füllen und ein weiteres Synonym für Avignon sind. Oder man sitzt gerade bei Café au lait und Baguette in einer der zahlreichen Bars und Kneipen und studiert die Tageszeitung *Le Provencal.*

Für uns hingegen wird es Zeit, Abschied zu nehmen von Avignon und unseren ganz persönlichen Ausstieg auf zwei Rädern fortzusetzen. Die V-Twins halten direkten Kurs auf das Lubéron-Gebirge (Montagne de Lubéron). Ab hier beginnt der ländliche Teil der Provence, so wie man ihn gemeinhin aus den Farbprospekten der Reiseanbieter kennt. In Oppède-le-Vieux treffen wir auch dann auf die ersten Spuren von Eindringlingen. Während des Zweiten Weltkriegs suchten hier Künstler, Architekten und Intellektuelle Zuflucht. Das kleine, im 11. Jahrhundert gegründete Bergdorf war zu dieser Zeit völlig verfallen, die ehemaligen Bewohner waren in neue Häuser weiter unten ins Tal gezogen. Eine Gruppe um die Künstlerin Consuelo de St.-Exupéry baute das alte Dorf wieder auf und richtete Studios ein. Nach dem

Umklammernd: die Schlucht auf dem Weg nach Suzette

Krieg löste sich die Gruppe zwar wieder auf und die Gebäude zerfielen erneut, doch neue Künstler und Intellektuelle strömten mit der Zeit nach und ließen sich hier nieder.

Möglich waren derartige Ansiedlungen in der Provence nur, weil die einheimische Bevölkerung trotz allen Mißtrauens die nötige Toleranz aufbrachte, die Fremden und ihre Subkultur neben der eigenen traditionsorientierten Kultur zu dulden. Das ging sogar so weit, daß man vielen, oft am Existenzminimum nagenden Künstlern Unterstützung zukommen ließ.

Auf solche Unterstützung dürfte der englische Schriftsteller Peter Mayle wohl nicht angewiesen sein. Er profitierte auf andere Weise von dieser Region und seinem Wahlheimatort Ménerbes: Sein Buch *Ein Jahr in der Provence* ging in vielen Landessprachen um die Welt und wurde zum Bestseller. Was »naturellement« auch Ménerbes, dem Lubéron und der Provence in touristischer Hinsicht nützlich war. Kurioserweise kommen die oft selbstironischen Bekenntnisse des Autors erst in diesem Sommer in französischer Sprache auf den Markt.

Hinter Bonnieux geraten auch unsere V2 wahrlich in Freudentänze. Im Combe de Lourmarin wird aus der Fahrt durch die kurvenreiche Schlucht ein Motorrad-Walzer, der stete Wechsel

On bike: Schräge Perspektiven in der Nesque-Schlucht

Farbenspiel: Ockerbrüche bei Roussillon

von Links- und Rechtskurven läßt das stabilgeformte Blech und Geröhr aus Milwaukee ein ums andere Mal Kontakt mit dem griffigen Asphalt aufnehmen. Nun scheint auch bei unseren zweirädrigen Begeiterinnen sprichwörtlich der Funke für diese Region überzuspringen.

In Harmonie mit uns selbst und der uns rechts und links begleitenden Landschaft stoßen wir in Mérindol auf eine weitere Subkultur, die in der Provence Zuflucht gesucht und nach Einklang mit sich und der Umwelt gestrebt hat. Die Rede ist von den Waldensern, die unter Führung des Kaufmanns Valdesuze (Valdes) aus Lyon flüchten mußten, weil sie aufgrund ihrer Religion von Papst Lucius III. im Jahre 1184 exkommuniziert und von dort verstoßen worden waren. Es fällt schwer, etwas Anstößiges an der Religion dieser Menschen zu finden, die in bescheidenen Verhältnissen nach den Regeln des Evangelium und insbesondere des Neuen Testaments lebten und arbeiteten. Mitte des 15. Jahrhunderts schließen die Landherren, Prioreien und Klöster – darunter unter anderem der Bischof von Marseille – Abkommen mit den

Schier endlos: Salbei-Feld bei Sault

Motorradwalzer: Fahrt durch die Schlucht von Lourmarin

in den Gebirgsregionen des Lubéron seßhaft gewordenen Bauern ein Abkommen, das Rechte und Pflichten der Bewohner festlegt. Unter diesen Bauern finden sich viele Waldenser, doch das ist den Landesherren im Hinblick auf die zu erwartende Pacht in Form von landwirtschaftlichen Produkten völlig gleichgültig.

Doch schon ab 1530 sahen sich die Waldenser neuen Verfolgungen durch die in jeder Diozese eingesetzten Inquisitoren ausgesetzt. 1545 werden elf Dörfer im Lubéron dem Erdboden gleich gemacht und ihre Einwohner hingerichtet. Im wunderschön an die Felsen gebauten Bergdorf Murs, wo wir heute Quartier beziehen, sind etwa zwanzig Waldenser in der Barigoul-Grotte verbrannt worden. Deren Schreie sollen, der Sage nach, heute noch nachts in den Bergen widerhallen. Kein Wunder, daß der Schlaf der Gerechten in der folgenden Nacht eher unruhig ausfällt.

Glücklich über den anbrechenden Tag ergreifen wir die Flucht ins Colorado der Provence. Die Gegend zwischen Rustrel und Gignac wird wegen der bekannten und weitläufigen Ockerbrüche wahrhaftig Colorado provencal genannt. Wir begnügen uns allerdings mit den

Alt und jung: Senior mit Junior-Hund in Ménerbes

Brüchen unmittelbar bei Roussillon. Weit in die Ferne leuchten die an amerikanische Canyons erinnernden Rotbrauntöne, die sich wunderbar vom strahlendblauem Himmel abheben. Nicht weniger malerisch zeigt sich Roussillon selbst, dessen Hausfassaden im Ockerfarbton der bis 1975 in Betrieb gewesenen Brüche blenden und das Auge

Kasperle-Theater: Santon-Nachbildungen der Handspielpuppen der Comedia dell'arte

des Fotografen in Verzückung geraten lassen.

Verzückt sind wir wenig später auch von der ebenfalls motorradwalzer-tauglichen Nesque-Schlucht in Richtung Venasque. Die Chapelle de Notre-Dame-de-Vie und die Taufkapelle in der Eglise de Notre-Dame sind die touristischen Anziehungspunkte in dem wunderschön zwischen zwei steilen Hügeln eingebetteten kleinen Dorf. Um die strategisch günstige Lage wußten auch die Bischöfe aus Carpentras, die hier ab dem sechsten Jahrhundert bis ins elfte Jahrhundert lebten. Die im sechsten Jahrhundert erbaute Taufkapelle zählt zu den ältesten religiösen Bauwerken in Frankreich. Das eigentliche Taufbecken ist nach einem Achterplan (Oktogramm) angelegt, da die Zahl Acht die symbolische Zahl der Wiederauferstehung ist. Die Kapelle scheint einen anderen Touristen, so erfahren wir während unserer Führung, derart beeindruckt zu haben, das er sich eigens für ein Foto auf den frühchristlichen Altar stellte und letzterer unter ihm zusammenbrach.

In Anbetracht solcher touristischer Auswüchse kann es nur noch heißen: Schleunigst aufsitzen und davonreiten. In der ebenfalls motorradwalzer-tauglichen Nesque-Schlucht (Gorges de la Nesque) in Richtung Sault »versprühen« Straße und Fahrwerk wieder mal enormen Fahrspaß. Am Ende dieser Kurvenorgie flüchten wir bei Monieux vor der Mittagshitze zu einem schattigen Plätzchen unter Linden an einem kleinen Bergsee. Bei Baguette, Vogelpastete und frischem Obst lassen wir die beschauliche Idylle auf uns wirken. Eine Mütze voll »Augenpflege« muß nach solcher Anstrengung und gutem Essen ebenfalls drin sein. Erst das Geschnatter des herannahenden Enten-»Rudels«, das es auf die Reste unserer üppigen Mittagsmahlzeit abgesehen hat, reißt uns wieder aus der Umklammerung des Schlafs.

Zwischen dunkelgrünen Zypressenreihen hindurch, die als Schutzhecken für Felder und Höfe vor dem Mistral dienen, stehlen wir uns fort in Richtung Mont Ventoux. Die charakteristische Spitze dieses Bergs ist weithin sichtbar, lassen doch Steine und Geröll den Eindruck entstehen, hier oben liege das ganze Jahr über Schnee. Egal aus welcher Himmelsrichtung wir uns seiner Majestät auch nähern, stets fühlt man sich durch seine zuckerhutartige Kappe beobachtet.

Die Auffahrt über die D 974 aus süd-/südwestlicher Richtung gerät zum wahren Kurven- und Augenschmaus. Fruchtbare Felderlandschaften wechseln mit Salbei- und Lavendelfeldern, und im Nu hat einen die karge Gebirgslandschaft aus Kalkstein

Wasserspeiend: Brunnen im Zentrum von Carpentras

Erleuchtung: Papstpalast bei Nacht

Morgenstimmung: mit der Harley in den Gassen von Carpentras

vereinnahmt. Bis in die siebziger Jahre hinein fanden in diesem Kurven-Potpourri Auto-Bergrennen statt, und auch die Tour de France macht vor dem Berg als Etappe nicht halt. Die bei idealen Wetterverhältnissen imposante Fernsicht bis hin zum Mittelmeer beeindruckte schon den italienischen Dichter Francesco Petrarca, der im Jahre 1336 den Gipfel bestieg und sich von der Ästhetik der Landschaft inspirieren ließ. Allein schon der Gedanke an eine Besteigung war aus religiöser Sicht etwas Verbotenes und eine Anmaßung, da man sich Himmel und Gott Vater näherte und den ausschließlich für jenen bestimmten Blick genoß.

Inspiriert von diesem majestätischem Berg wurde auch der Maler Steffen Lipp, den wir in seinem Haus am Fuße des Ventoux, in Malaucene, besuchen und der bereits seit zehn Jahren hier lebt. Während einer Zigarettenpause auf dem Gipfel faßte er den Entschluß, einen Foto-Bildband über die Quellen der Inspiration zu seiner malerischen Tätigkeit und damit über diesen Berg und seine unmittelbare Umgebung zu komponieren. Ein ganzes Jahr lang tat der Künstler nichts anderes, als auf die knappen Momente des besten Lichts und der damit verbundenen besten Konturen und Schattierungen zu warten und sie schließlich auf Zelluloid zu bannen. So entstand eine fotografisch einfühlsame Annäherung an ein Naturdenkmal im Wechsel der vier Jahreszeiten.

Wir hingegen wechseln die Richtung und flüchten unter dem stets wachenden Auge des Ventoux nach Carpentras. Die verworrene Geschichte der Stadt spiegelt sich in den vielfältigen architektonischen Baustilen wider, die von der Romantik bis zum Rokoko reichen. Der Name der Stadt wird abgeleitet aus dem lateinischen Wort »karpenton«, was einen zweirädrigen Pferdekarren bezeichnet. Tatsächlich war Carpentras jahrundertelang für seine Pferdefuhrleute bekannt. Die römische Eroberungs- und Besatzungszeit ist im Tor zum Hof des Justizpalastes dokumentiert. Hinter dem Rathaus steht die älteste Synagoge Frankreichs. Sie wurde im 15. Jahrundert erbaut und stammt aus einer Zeit, in der die jüdische Bevölkerung Religionsfreiheit genoß. Im Norden der Stadt

Französische Ideale: Insignien an der Kathedrale St.-Siffrein in Carpentras

stoßen wir auf ein weiteres historisches Relikt, die Porte d'Orange. Sie bildet den Überrest einer Stadtmauer, die 1357 erbaut und im 19. Jahrhundert zerstört wurde. Der zinnenbewehrte Befestigungsturm wirkt fast

In voller Blüte: Balkon in der Altstadt von Carpentras

Majestätisch: der weiße Gipfel des Mont Ventoux

schon etwas deplaziert inmitten der modernen Architektur er umgebenden Häuser.

Nur wenige Radumdrehungen davon entfernt können wir schon in der Ferne unser nächstes Etappenziel ausmachen: Les Dentelles de Montmirail, die (»Häkel-«) Spitzen von Montmirail. Ab Beaumes-de-Venise geht es auf der D 90, gesäumt von goldgelb blühenden Ginster nach Lafare. Ab Suzette wird die Höhenstraße zum Mont St. Amand (734 Meter) fahrerisch zunehmend interessanter, zwischen den zahlreich gestreuten Kurven bieten sich immer wieder grandiose Ausblicke in die bizarr geformte Felsenwelt mit karger Garrigue-Vegetation.

Irgendwie scheint uns diese Gebirgsregion mit ihrem unverwechselbaren Charme zu becircen und nicht mehr loszulassen. Nach Besichtigung der Cathédrale de Notre-Dame-de-Nazareth, die im Bereich der Apsis ihr römisches Fundament nach außen hin offen zur Schau stellt, und einer stärkenden Tasse Café noir zieht es uns fluchtartig wieder hinauf ins Bergdorf Séguret. Die kopfsteingepflasterten, kleinen Gassen und die steil nach oben wachsenden, schmalen Hausfronten aus Bruchstein könnten auch die passende Kulisse für einen mittelalterlichen Ritterfilm abgeben. Nach einer Stärkung am Dorfbrunnen kann der Besucher die buntbemalte Miniaturwelt der provenzalischen Santon-Ateliers bewundern. Besonders ausdrucksstark sind die Gesichter der Handpuppen-Figuren der Commedia dell'arte, unter anderem mit dem französischen Polichinelle als Pendant zum deutschen Kasper.

Mit der Fahrt hinunter über Sablet und Gigondas heißt es für uns nicht nur Abschied nehmen von dieser gleichermaßen berauschenden wie erholsamen Atmosphäre der Gebirgsregion, sondern auch von der Provence. Auch Fluchten haben mal ein Ende, nur mit dem kleinen, aber feinen Unterschied, daß das Ende unserer Tour erst zwei Tage später wieder im kalten, naßgrauen Deutschland und nicht hier und jetzt in wärmender provenzalischer Atmosphäre beschlossen wird.

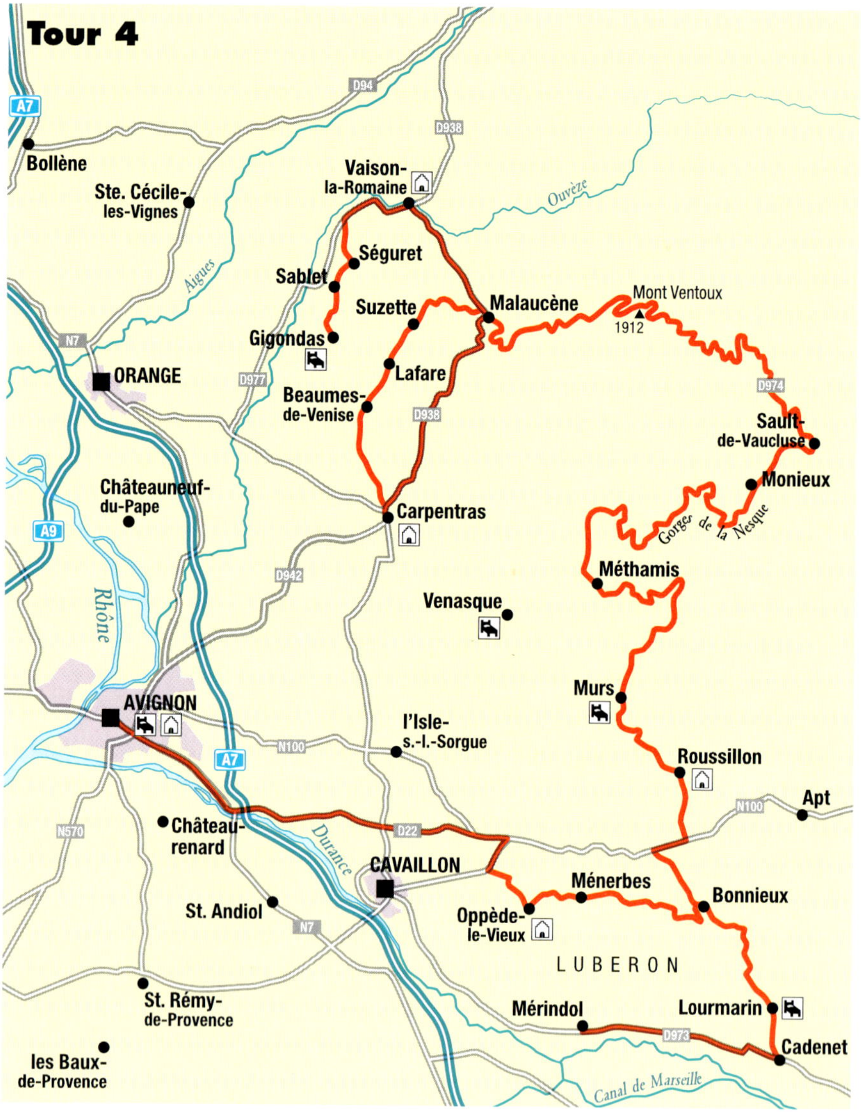

Gefahrene Strecke
(einschließlich Abstecher):
etwa 350 Kilometer

Karte:

Michelin Regionalkarte 245: »Provence-Côte d'Azur«, 1 : 200000; 12,80 Mark.

Route:

Avignon – Oppède-le-Vieux – Ménerbes – Bonnieux – Lourmarin – Mérindol – Lourmarin – Bonnieux – Roussillon – Murs – Méthamis – Venasque – Méthamis – Monieux – Sault – Mont Ventoux – Malaucene – Carpentras – Beaumes-de-Venise – Lafare – Suzette – Malaucene – Vaison-la-Romaine – Séguret – Sablet – Gigondas.
Die schnellste Anreise erfolgt über die Autoroute de Soleil, die A 7 aus Richtung Lyon nach Marseille.

Übernachten:

(Vorwahl aus Deutschland 0033)

●●● Squash Club
32, Boulevard Limbert
84000 Avignon
Telefon: 490-852778
Verhältnismäßig preiswerte und ordentliche Zimmer mit ausreichend Komfort.

●●●● Hotel-Restaurant
Le Crillon
Le Village
84220 Murs
Telefon: 490-726031 oder
490-726804
Fax: 490-726312
Zauberhaftes Hotel mit Restaurant und typischen Speisen aus der Region, eingebettet in das pittoreske Städtchen Murs inmitten unnachahmlicher Berglandschaft.

●●●● Hostellerie les Florets
Route de Dentelles
84190 Gigondas
Telefon: 490-658501
Fax: 490-658380
Kleines, aber feines Hotel zu akzeptablem Preis (275 bis 375 FF) mit Parkplatz, Garten und Terrasse.

●●●● Hotel les Hautees Prairies
Route de Vaugines
84160 Lourmarin
Telefon: 490-683912
Fax: 490-682383
Rustikal-schönes und sauberes Sechs-Zimmer-Hotel mit Swimmingpool und Parkplatz.

●●● Hotel les Remparts
Rue Haute
84210 Venasque
Telefon: 490-660279
Kleines Fünf-Zimmer-Hotel zum günstigen Preis.

Treffpunkte:

Allgemein treffen sich Motorradfahrer in den Bars und Kneipen der Zentren von Avignon und Carpentras, hier sieht man etliche Motorräder am Straßenrand parken.
Ein Geheimtip ist die gern befahrene Gipfelstraße zum Mont Ventoux (1912 m), wo Motorradfahrer das Kurvenlabyrinth genießen und sich am Gipfel treffen und Erfrischungen zu sich nehmen.

Sehenswert:

Ein absolutes Muß ist der Papstpalast in Avignon sowie die gesamte Innenstadt mit dem Place d' Horloge und den vielen Kleinkünstlern.
Entspannung findet man im Bergdorf Oppède-le-Vieux, wo viele Künstler heimisch geworden sind und ihre Werke präsentieren.
In Séguret sollte man auf jeden Fall eines der provenzalischen Santon-Ateliers besuchen.
In Carpentras trifft man hinter dem Rathaus auf die älteste Synagoge Frankreichs (15. Jh.).
Bei Roussillon riskieren Insider einen Blick in die farbenfrohen Ockerbrüche.

Adressen:

(Vorwahl aus Deutschland 0033)

Frankreich-Information
Telefon: 0190/570025
(Anforderung von Broschüren)

Maison de la France
Westendstraße 47
60325 Frankfurt/M.
Fax: 0190/599061
(alle wichtigen Informationen zum Reisegebiet)

Comité Régional de Tourisme,
Provences-Alpes-Côte d'Azur,
Immeuble CMCI
2, Rue Henri Barbusse
13241 Marseille Cédex 01
Telefon: 491-393800

Alpes-de-Haute-Provence
42, Boulevard Victor Hugo
04005 Digne-les-Bains Cédex
Telefon: 492-315729

Bouches-du-Rhône, 6, Rue du Jeune Anarchasis, 13001 Marseille, Telefon: 491-549266

Drôme
1, Avenue de Romans
26000 Valence
Telefon: 475-432712

Vaucluse
Place Campana, B.P. 147
84008 Avignon Cédex
Telefon: 490-864342

Französische Botschaft
Kapellenweg 1a
53179 Bonn
Telefon: 0228/362031

Kleinkunst: Leierkastenspiel und Hundegeheul auf dem Place de Palais in Avignon

LAND DER VULKANE

Die Touristenströme lassen die Auvergne regelmäßig links liegen. Ihnen entgeht der schroffe Charme einer von Vulkanen und Gletschern geformten Naturlandschaft.

Mystisch: der erloschene Vulkan Puy de Dôme mit seiner kraterlosen Kuppe

AUVERGNE

Rauh heißt es, sei die Auvergne, und eine karge Landschaft. Ihr Klima könne Kapriolen schlagen. Von kräftigen Temperaturstürzen ist die Rede, schwarz auf weiß, in unserem Reiseführer. Davon ist – noch – nichts zu merken, als wir die Vororte von Clermont-Ferrand langsam hinter uns und die Harley wie die Zephyr durch die Kurven kratzen lassen. Den Rennradpiloten jedenfalls, die Petra und ich hinter Royat auf der D 68 passieren, kommen angesichts des sommerlichen Wetters und der Steigung ganz schön ins Schwitzen. Kaum, daß die letzte Kuppe hinter uns liegt, gilt unsere Aufmerksamkeit etwas ganz anderem: Vor uns erhebt sich eindrucksvoll der Puy de Dôme, heiliger Berg der Gallier, erloschener Vulkan und Wahrzeichen. Voilà, wir sind angekommen im »Parc de Volcans«.

Die Tour ins Land der Vulkane verdanken auch wir einem Insider-Tip, und zwar von Frau Pollack. Die Dame versorgt uns auf dem Münsteraner Markt regelmäßig mit Tomme d'Auvergne und St. Nectaire, cremig-kräftigen Rohmilchkäsesorten mit graugrüner Schimmelrinde. Ei-

Einzigartig: Blick vom Puy de Dôme auf die Vulkangipfel der Nachbarschaft

Erlebnis: der Parc des Volcans d'Auvergne, ein echtes Naturschauspiel

nes Tages kam das Gespräch auf das Herkunftsgebiet unserer Gaumenfreuden. »Da läßt sich gut Motorrad fahren«, meinte unsere Fachfrau in Sachen feiner Speisen und erzählte etwas von Zentralmassif, dünn besiedelt, Naturerlebnis. Ihre Schilderungen machten uns schließlich neugierig auf ein Gebiet, um das wir in der Vergangenheit – unbewußt – regelmäßig einen Bogen geschlagen hatten.

Warum eigentlich, werden wir uns noch oft an den folgenden Tagen fragen, und dies nicht nur wegen der beeindruckenden Kette der Puys, einer aus 80 Vulkanen bestehende Bergkette, die sich schon weit vor der Ankunft in der Michelin-Metropole Clermont-Ferrand am Horizont abzeichnet. Nach einem kurzen Zwischenstop beim örtlichen Harley-Händler, die Dyna Glide Convertible hatte sich auf dem Hinweg ihres Hupenhalters entledigt, der sich prompt vor den

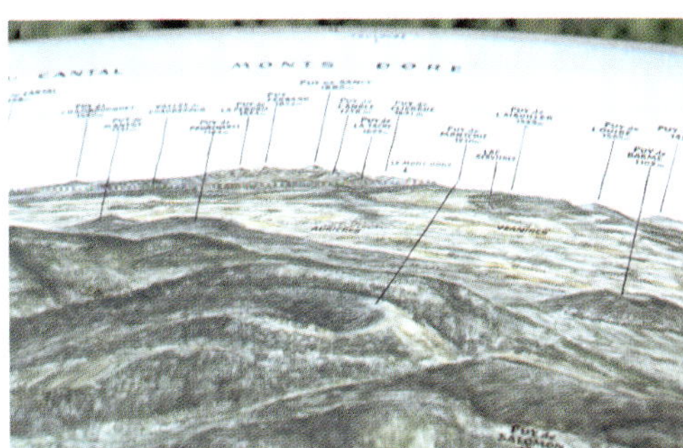

Zahlreich: Eine Kette von über 80 Vulkanen durchzieht die Auvergne

Mächtig: die Festung von Murol aus dem 12. Jahrhundert

AUVERGNE

Luftfilterschlund setzte und den Motor mit Asthmaanfällen quälte, schlagen wir ein paar Haken an der Peripherie der Großstadt entlang, bis der Puy de Dôme plötzlich auftaucht. Kleine Wolken ziehen an der Spitze der kraterlosen Bergspitze vorbei, aus der Ferne wirken sie wie überdimensionale Wattebäusche oder besser Weihrauchschwaden.

Dominant: Die Basilika Notre-Dame überragt den kleinen Ort Orcival

Für den Gipfelsturm ist es etwas spät, deshalb wenden wir uns unserem Campingplatz-Quartier für die nächsten Tage zu. Über den 1065 m hohen Col de la Moreno stoßen wir hinunter nach Les Quatres Routes de Nèbouzat. In Sichtweite der Kreuzung erstreckt sich das Gelände des Camping des Dômes. Wir haben Glück und ergattern eines der letzten freien Plätzchen. Wer Lagerfeuerromantik sucht, ist hier fehl am Platz, so der erste Eindruck. Komfort gibt's dafür um so mehr, angefangen beim Pool, über die ansprechenden sanitären Anlagen bis hin zum freundlichen Empfang.

Mit vier Din-A-Bögen voller Ausflugstips verlassen wir die Rezeption.

Das Ziel für die erste Tour ist schon vorprogrammiert, absolute Priorität hat natürlich der Puy de Dôme. Tauperlen glitzern in der Morgensonne, als wir uns auf den Weg machen. Nur ein paar notorische Frühaufste her sind bereits auf den Beinen. Der Verzicht auf das Frühstück soll sich lohnen, wir können – nach Entrichten von 15 Francs Maut – den magischen grünen

Barock: das Château de Cordès mit seiner geometrischen Gartengestaltung

Kegel fast ungestört genießen. Souverän hämmert die Harley die steile Serpentinenstrecke zum 1465 m hohen Gipfel hoch; bis 1926 dampften hier noch Lokomotiven hinauf. Doch diesmal steht das Fahrerlebnis absolut im Hintergrund. Schon bald knistert der Big Block am Straßenrand, und wir stehen stumm am Abgrund, gefangen vom atemberaubenden Ausblick. Vor uns breitet sich in gedeckten Grünbrauntönen und sanften Rundungen eine einzigartige Vulkanlandschaft aus. Einige Gipfel haben Krater, andere sind so glatt wie der Schädel von unserem Freund Backhausen. Zu letzteren zählt auch die Kuppe des Puy de Dôme. Hier erkaltete die Lava bereits beim Austreten und formte keinen Krater, sondern einen Kegel mit steilen Hängen. Auf dem Gipfel finden sich die Reste eines römischen Merkurtempels. Der Wahl des Ortes kann nicht groß überraschen, der Puy de Dôme hat auch heute noch etwas Mystisches.

Nachdem wir uns satt gesehen haben, verlangt der noch nüchterne Magen sein Recht. War da nicht direkt an der D 68 eine Bäckerei? Mais oui, Madame.

Das Angebot ist nicht von Pappe, im Gegenteil. Das »Baguette au Bleu d'Auvergne« mit krosser Kruste und Blauschimmelkäse ist einfach genial. Auch Orcival schmeckt uns. Das wenige Kilometer entfernte Dorf lebt vor allem von der Ausstrahlung der mächtigen Basilika aus hellgrauem Vulkangestein. Bei Café au lait und Crêpes verfolgen wir das Treiben der französischen Touristen. Bis auf eine Schweizer Harley und uns ist Orcival fest in einheimischer Hand. Aber auch die Franzosen kommen erst langsam auf den Auvergne-Geschmack, wie uns ein Rentnerehepaar aus der Bretagne erzählt. Dabei gibt's rundherum einiges zu sehen. Etwa das Château de Cordès, einen kleinen Landsitz mit streng geometrisch angelegten Barockgärten und riesigen Hecken. Die Führung durch das Innere kann man sich übrigens schenken, so unsere Erfahrung. Die Ausführungen der Fremdenführerin beschränken sich nämlich im großen und ganzen auf Erklärungen zu dem zusammengesuchten Mobiliar.

Hochstimmung: der Col de la Croix Morand mit seiner grandiosen Szenerie

Da genießen wir doch lieber die Sitzbänke unserer Motorräder, geben Gas und uns ganz der kehrenreichen Strecke Richtung Mont Dore hin, wobei die Harley Dyna Glide Convertible

Naturgewalt: Zwischen den beiden Felsen quetschte sich einst ein Gletscher hindurch

Rechtskurven mit wenig wohltönenden akustischen Signalen untermalt, weil die Auspuffanlage ebenso regelmäßig wie unüberhörbar über den Asphalt schleift. Auf dem großen Parkplatz vor dem Lac de Guéry hat das Funkensprühen erst einmal ein Ende. Statt dessen erhalten wir einen Eindruck von den gewaltigen Kräften der Natur, die hier ihre Spuren hinterlassen haben. Zwischen den vor uns aufragenden Vulkanfelsen Tuilière und Sanadoire hindurch hat ein Gletscher seinen Weg genommen und ein breites Becken hinterlassen, wovon sich auch einige Busladungen von Touristen ein Bild machen. Klaustrophobische Anfälle bleiben dennoch aus, der Besucherstrom hält sich in der Auvergne selbst an ausgewiesenen Sightseeing-Standorten in durchaus erträglichen Grenzen. Abgesehen davon sind Refugien nie weit entfernt. Auf die Terrasse der »Auberge

Empfehlenswert: die Passage von Mont-Dore zum Lac Chambon

de Guery« direkt am Lac de Guéry beispielsweise verirren sich an diesem Tag nur wenige Gäste. So können wir ganz gemütlich den Anglern zusehen, während wir auf unser Fischmenü warten.

Nach einem letzten Espresso ist dann ein Ortswechsel angesagt. Die nachmittägliche Siesta verbringen wir an einem anderen See. Der Lac Servière liegt etwas versteckt, weil abseits der Straße, ein kräftiger blauer Klecks mitten auf einem grün schimmernden Wald- und Wiesenteppich. Nicht nur für Familien ist der Flecken eine Empfehlung. Die Kinder können im flachen Uferbereich spielen, während ihre Eltern vorzugsweise in der Sonne baden. Auch wir lassen uns von der entspannenden Atmosphäre anstecken, faulenzen, weich gebettet auf einem Wiesensaum, und fragen uns, was in aller Welt die Menschen dazu treibt, sich wie Heringe an einen Mittelmeerstrand zu quetschen. Aber bitte, wem der Waldsee zu wenig Strandleben bietet, der kommt am keine 30 km entfernten Lac de Chambon auf seine Kosten – Bootsverleih und Sandstrand inklusive. Der Ausflug lohnt sich aber auch für Nichtschwimmer. Erstens ist ein Abstecher ins nahe St. Nectaire Pflicht, schon wegen des exzellenten Käses, der dort und in der Umgebung hergestellt wird. Nicht-Kulturbanausen steuern darüber hinaus die Kirche an, Kunstkenner bezeichnen sie als ein Meisterwerk auvergnatischer Romantik. Der zweite, und für die meisten Motorradfahrer primäre Grund für die Passage Mont-Dore: Lac Chambon dürfte die sich über den Col de la Croix Morand schlängelnde Straße sein. Was wäre eine Motorradtour auch ganz ohne Asphalt-Highlights? Doch hier wird weit mehr geboten als ein Paß mit dem üblichen Radienrhythmus. Der »Kick« kommt über die grandiose Szenerie – von Weiden bedeckte Bergkuppen, die spontan Bilder aus Neuseeland oder Schottland ins Gedächtnis rufen. Ähnliche Assoziationen wird die Route über den Col Croix St. Robert wecken.

Vorher aber heißt es, Mont-Dore einen Besuch abzustatten. Das vornehme Thermalbad und Wintersportzentrum mit seinen herausgeputzten Häusern ist genau die richtige Adresse für einen Einkaufsbummel, findet nicht nur Petra. Eng wird's da nicht nur auf den Trottoirs, sondern auch vor der nur vier Kilometer entfernten Talstation der Seilbahn zum Puy de Sancy, dem mit 1885 m höchsten Gipfel der Monts Dore. Statt uns aber in eine Kabine zu quetschen, lassen wir uns lieber den Sommerwind

Belebt: Am Lac Pavin tritt man sich im Sommer auf die Füße

Ein Muß: das alljährliche Renaissance-Festival in Salers

um die Nase wehen, während die Blicke immer wieder über eine hochgebirgsähnliche Szenerie schweifen, über baumlose Berggipfel, tief eingeschnittene Täler, zackige Felskämme, Weiden und Wasserfälle: Die Etappe über den Col de la Croix St. Robert berauscht regelrecht mit einem Mix aus Kurvenorgien und phantastischen Perspektiven, und das ist keine Übertreibung. Viel zu schnell liegt die beeindruckende Bergwelt hinter uns.

Auf dem Weg gen Süden gönnen wir uns noch einen kleinen Stop am überlaufenen Lac Pavin, einem Kratersee. Dann geht's schnurstracks Richtung Departement Cantal. Condat, Riom, Moussages – die Orte fliegen nur so vorüber. In Salers dann ist ein Stop unumgänglich: Die Kleinstadt ist ein einziges Freilichtmuseum, eine Art französisches

Sehenswert: drei Grazien aus Salers in originalgetreuen Kostümen

Schmuckstück: In Salers scheint die Zeit stehengeblieben zu sein

Rothenburg ob der Tauber. Man könnte meinen, die Zeit sei hier stehengeblieben. Gepflegte, gut erhaltene Basaltmauern, graue Steindächer und in den Gassen und auf den Plätzen noch dazu Bewohner in historischen Kostümen – das alljährliche Renaissance-Festival zieht die Besucher in seinen Bann. Nach einem ausgiebigen Spaziergang durch Salers landen wir in dem schattigen Innenhof eines Restaurants, genießen Cidre, Salat mit warmem Schafskäse und Crêpes – und das zu durchaus zivilen Preisen. Salers zeigt sich von seiner besten Seite.

Die folgenden Kilometer zum Pas de Peyrol auch. Die, teils einspurige, D 680 gewinnt schnell Höhe und schmiegt sich an die Berghänge. Die Folge ist eine herrliche Aussicht über das Tal und auf die kargen Kämme des Cantal.

Das Department gehört zu den am dünnsten besiedelten Regionen der Auvergne, durchschnittlich 27 Einwohner pro Quadratkilometer spuckt die Statistik aus. Auf der Paßhöhe am Fuß des Puy Mary treten sich deutlich mehr Menschen auf die Füße, zwei Flics haben sogar Mühe, den Verkehr an der Engstelle im

Aussichtsreich: Der Pas de Peyrol schmiegt sich an die Berghänge

Fluß zu halten. Ganze Scharen von Wanderern stürmen auf den 200 m höher gelegenen Gipfel. Angesichts dieses sonntäglichen Menschenauflaufs suchen wir das Heil in der Flucht und stürzen uns auf das Vergnügen einer zehn Kilometer währenden Abfahrt ins Tal der Jordanne, die an der Harley mal wieder deutliche Spuren hinterläßt, als ich versuche, halbwegs an Petra und ihrer Zephyr dran zu bleiben. In Mandailles biegen wir ab und queren auf einem Landsträßchen einen Bergkamm. Ziel ist der Campingplatz des Städtchens Thiézac. Der ist übrigens keine schlechte Wahl: Wir können uns ein schattiges Plätzchen direkt am Fluß aussuchen, die Blondine an der Rezeption ist ausgespro-

chen nett, und jeden Morgen liefert der Bäcker Baguettes und frische Croissants. Abends landen wir meist im Nachbarort Vic-sur-Cère in einer Bar und schauen bei zwei, drei Glas Bier dem gemütlichen Treiben auf der Straße zu. Tagsüber sind Touren in alle Himmelsrichtungen angesagt.

Aurillac, Verwaltungssitz des Départements, wird gleich mehrfach angesteuert. Besonders angetan hat's uns das Café St. Geraud gegenüber der gleichnamigen Kirche. Nicht, daß dort etwas Großartiges geboten wird – es sind vielmehr die kleinen Gesten, die gefallen. Nach zwei Tagen nicken uns die Stammgäste bereits freundlich zu, der aktuelle Stand der Tour de France wird jedesmal mit dem Barbesitzer diskutiert, und der Ober kennt die Getränkewünsche schon auswendig. Sonntags lockt auf dem Platz vor Kirche und Café ein kleiner Bauernmarkt mit Crêpes, Käse, Honig, Wurst aus eigener Herstellung. Nach den anstrengenden Café-Einlagen bieten sich als Erholung Badenachmittage an den umliegenden Stauseen an.

Als das »Kanada im Cantal« beispielsweise wird der Lac de Saint-Etienne-Cantalès im We-

Ausblick: Im Hintergrund erhebt sich der Puy Mary

Stark: Das stimmungsvolle Château de Pesteils geizt nicht mit optischen Reizen

sten von Aurillac bezeichnet. Auch wenn der Vergleich ebenso überzogen ist wie der des »Grand Canyon du Verdon« in der Provence, weiß der Stausee mit seinen wilden Ufern und Inseln sehr wohl zu gefallen. Das gilt auch für den Trip zum Barrage de Sarrans. Über kleine und kleinste Straßen schippern wir auf der Harley ganz gemütlich zu den waldigen Ufern dieses Stausees im Süden von Thiezac. Den Kontrast zu diesen ruhig dahinplätschernden Tagen am Wasser bildet der Abstecher in den Retortenwintersportort Super-Lioran. Als wir dort aufkreuzen, empfängt uns eine Rockgruppe, die, plaziert auf einem Sattelschlepper, etwas verloren auf dem Riesenparkplatz vor der Geschäftsmeile musiziert. Ach, was heißt hier musizieren? Die Jungs hauen auf die Pauke, greifen in die Tasten und Saiten, als wenn ihnen der Arsch brennen würde. Der Bandname ist augenscheinlich Programm: Kérozin – ein explosives Soundgemisch. Das Publikum sitzt in sicherer Entfernung in den Straßencafés und wird dennoch von der Lautstärke fast weggeblasen.

Seine wirklich rauhe Seite zeigt die Auvergne dann am Tag der Abreise. Dunkle Wolken brauen sich zusammen, es wird zunehmend stürmisch, und plötzlich erscheint die bis dahin in gleißende Sonne getauchte Landschaft in einem ganz anderen Licht. Über das vorher so kräftige Grün legen sich Schatten und kehren, nicht weniger eindrucksvoll, die dunkle Seite dieser einzigartigen Landschaft heraus.

Traditionell: das schlichte Gemäuer der Gemeindeverwaltung von Vic-sur-Cère

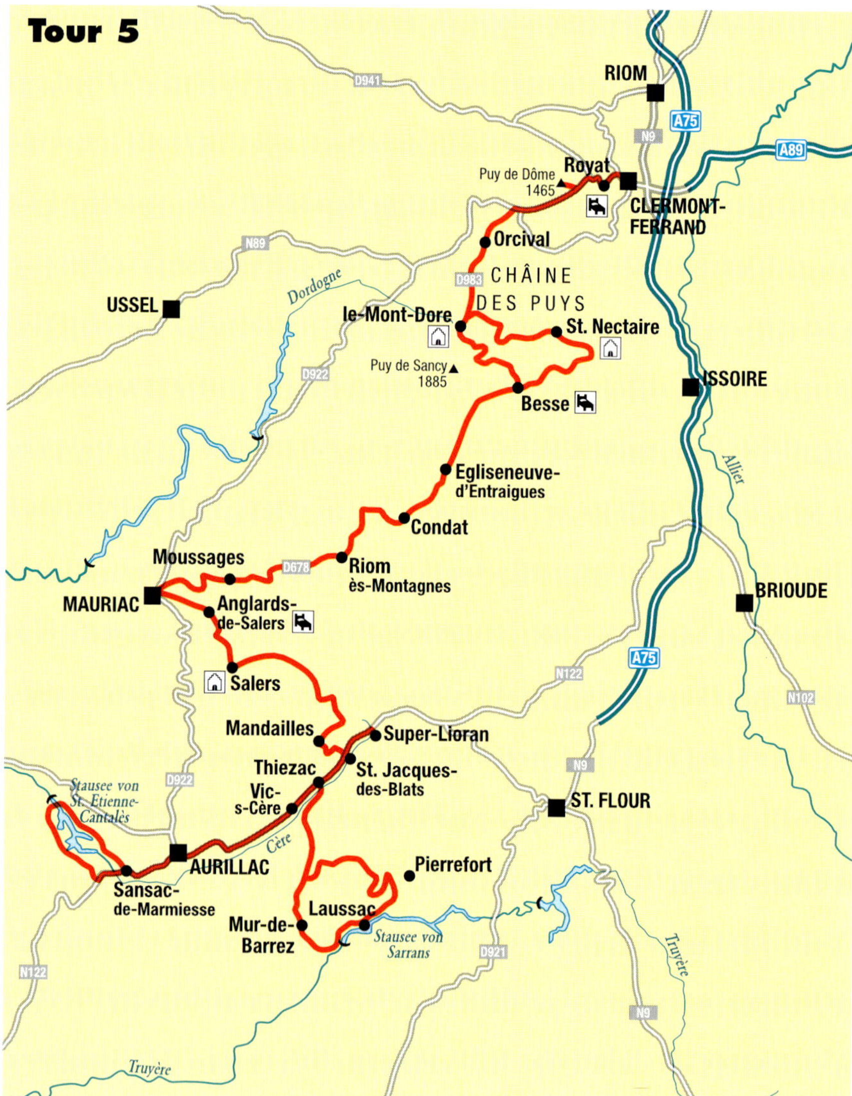

Gefahrene Strecke
(einschließlich Abstecher):
etwa 700 Kilometer

Karte:

Michelin Regionalkarte 239: »Auvergne-Limousin«, 1 : 200000; 12,80 Mark.

Route:

Clermont-Ferrand – Royat – Puy de Dâme – Les 4 routes – Orcival – Lac Servière – Lac de Guéry – Le Mont-Dore – Murol – St. Nectaire – Lac Chambon – Le Mont-Dore – Besse – Lac Pavin – Egliseneuve – Condat – Riom – Moussages – Salers – Puy Mary – Mandailles – Aurillac – Sansac – Barrage de St. Etienne-Cantalès – Omps – Aurillac – Carlat – Mur-de-Barrez – Barrage de Sarrans – Thérondels – Vic-sur-Cère – Thiézac – Super-Lioran.

Die schnellste Anreise erfolgt über die Autoroute A 72 aus Richtung St. Etienne/Lyon nach Clermont-Ferrand.

Übernachten:

(Vorwahl aus Deutschland 0033)

●●● Espace Volcan
63122 St. Genès-Champanelle
Telefon: 473-622600
Modernes Sporthotel südlich von Royat mit breitem Freizeitangebot: Paragliding, Mountainbike- oder Reittouren.

●● Hostellerie du Beffroy
Besse-en-Chandesse
Telefon: 473-795008
Kleines Hotel mit Restaurant und dem Charme eines alten Hauses mit originaler Einrichtung.

●●●● Château de Bassignac
15380 Anglards-de-Salers
Telefon: 471-400378
Eines von mehreren Schlössern in der Auvergne, die zahlende Gäste beherbergen. Nicht billig, aber stilvoll.

●●●● Château de Salles
15130 Vézac
Telefon: 471-624141
Auch dieses Schloß liegt abseits belebter Städte und verkehrsreicher Pfade, was den Komfort nur noch erhöht.

Atmosphäre: ein gemütliches Straßencafé mitten in Aurillac

Treffpunkte:

Motorradfahrer treffen sich vor allem auf den kurvenreichen Strecken rund um le Mont-Dore (Cold de Guéry, Col de la Croix Morand, Col de la Croix St. Robert) oder auf den Pfaden des Cantal-Gebirges, beispielsweise am Pas de Peyrol am Fuße des Puy Mary.

Sehenswert:

Die Auvergne lebt von der Ausstrahlung ihrer Vulkan-Landschaft. Deshalb beginnt die Tour d'Auvergne mit der Chaâne des Puys, einer Kette von gut achtzig Kegeln und Kuppen, die sich auf einer zwanzig Kilometer langen Linie im Westen von Clermont-Ferrand aufreihen. Den besten Blick hat man übrigens vom Puy de Dâme.

Le Mont-Dore lockt als Kurort mit langer Tradition Leute an, die etwas Rummel nicht stört, die das Angebot an Läden, Cafés und Restaurants aber zu schätzen wissen. Nur einen Katzensprung enfernt liegt die Seilbahn hinauf zum Puy de Sancy, dem höchsten Berg der Auvergne.
Ein Abstecher nach St. Nectaire ist für Käseliebhaber Pflicht, in und um diese Stadt entsteht der prämierte, herzhafte Rohmilchkäse.
In Salers scheint die Zeit stehengeblieben, das Städtchen mit seiner prächtig erhaltenen mittelalterlichen Bausubstanz ist fast schon eine Art Freilichtmuseum. Ein Besuch lohnt besonders Ende Juli anläßlich des alljährlichen Renaissance-Festivals.

Die Stauseen St. Etienne-Cantalès und Sarrans unweit von Aurillac laden mit ihren Badestränden zum Entspannen ein.

Adressen:

(Vorwahl aus Deutschland 0033)

Frankreich-Information
Telefon: 0190/570025
(Anforderung von Broschüren)

Maison de la France
Westendstraße 47
60325 Frankfurt/M.
Fax: 0190/599061
(alle wichtigen Informationen zum Reisegebiet)

Comité Régional du Tourisme
43, Avenue Julien, B.P. 395
63011 Clermont-Ferrand
Telefon: 473-930403
Fax: 473-341111

Französische Botschaft
Kapellenweg 1a
53179 Bonn
Telefon: 0228/362031

Erholungsgebiet: der Stausee Saint-Etiènne-Cantalès, ein Paradies für Wassersportler

route historique
de Saint-Jacques
en Limousin

DIE GRÜNE PERLE

Saftig-satte Grüntöne, leergefegte Landstraßen und ein reichhaltiges Kulturgut begeistern den Motorradreisenden bei seiner Tour durchs wenig bekannte Limousin.

Gotisch: historische Brücke »Pont Rompu« über die Briance

Der Anblick der mittelalterlichen, schmalen Gäßchen, der sich eng an den Berg anschmiegenden kleinen Steinhäuser und der beiden alles überragenden Türme der ehemaligen Festungsanlage ist beeindruckend. Man fühlt sich ins Kindesalter zurückversetzt, als man noch Burgen baute und kleine Figuren in schrecklichen Gemetzeln agieren ließ. Ich sitze gerade, nicht mit einem Schwert, sondern einer Kameraausrüstung bewaffnet und ganz eng an eine Hauswand gelehnt, auf der Bordsteinkante und versuche etwas von der Atmosphäre dieser historischen Gemäuer und Gassen einzufangen. Ort dieser beeindruckenden und zu Phantasien hinreißenden Kulisse ist Turenne, ein 700-Seelen-Dorf im südlichen Limousin, genauer gesagt im Departement Corrèze südlich von Brive. Schon von weitem erkennt man die im 11. Jahrhundert erbaute Festung, allerdings blieben nach der französischen Revolution 1789 nur noch die beiden Wehrtürme und die dazwischenliegende Esplanade übrig. Bereits ab 767, nach der Eroberung durch Pippin den Kurzen – wegen des Namens nicht gerade als Held von Kindheits-Phantasien geeignet –, wuchs die Stadt, als Frankengarnison mit etlichen Privilegien ausgestattet, sehr schnell. Nach Errichtung der Burg erfuhr Turenne nochmals einen stattlichen Aufschwung. Die sich um die Festungsanlage

Relaxen: Pause im Straßencafé zwischen Bordeaux und Ussac

Fluß-Impressionen: am Ufer der Dordogne in Beaulieu-sur-Dordogne

herum entwickelnde Grafschaft machte schon bald immerhin ein Drittel des Limousin und zusätzlich einen Teil des Quercy und des Périgord aus. 1738 folgte mit dem Verkauf der Stadt an Ludwig XV. und dem beginnenden Abriß des Schlosses von Turenne der Niedergang der Stadt. Bei Ausbruch der Revolution 1789 wurde dann auch der Rest der Anlagen zerstört.

Es verwundert kaum, daß einen als Limousin-Reisenden immer wieder die Geschichte dieser Region einholt. Zu groß ist das Angebot an historischen Sehenswürdigkeiten, zu beeindruckend sind die Überlieferungen und Sagen, die sich um diese eindrucksvolle Kulturlandschaft spinnen. Langeweile jedenfalls stellt sich bei entsprechenden Interessen niemals ein. Wer ohne Blick für die Historie das Limousin durcheilt, muß sich wohl oder übel als Kulturbanause titulieren lassen, ...und wäre der Ritter der Tafelrunde nicht würdig.

Der nächste Halt auf unserer Route durch die drei Departements des Limsousin, Corrèze, Creuse und Haute-Vienne, ist das in einen dicken Topf mit rot-

Geruhsame Stille: Ile aux Pierres im Lac de Vassivière

brauner Farbe getauchte Dorf Collonges-la-Rouge, direkt an der D 38. Engverwinkelte Straßen, einige Türmchen zwischen den Spitzdächern und etliche Querverbindungen zwischen Straßen und Plätzen in Form von Durchbrüchen und Toreinfahrten ergeben in Verbindung mit dem roten Sandstein ein ganz spezielles Ambiente. Zu Recht steht das Dorf auf der Liste der schönsten Orte Frankreichs. Beim Schlendern durch die Gassen treffen wir auf das Relais de Saint-Jacques-de-Compostelle, eine der vielen Zwischenstationen auf dem Pilgerweg nach Süden, dem Jakobsweg nach Santiago de Compostela in Spanien im 12. Jahrhundert. Immer wieder werden uns Relikte aus Kunst und Architektur an diese Pilgerroute erinnern.

Wie viele andere Orte hier ist Collonge-la-Rouge aus einer ehemaligen Abtei entstanden. Bereits 785 gründeten Mönche eine Priorei, ein von der Abtei Charroux abhängiges kleineres Kloster. Ab dem 13. Jahrhundert befestigten die Einwohner ihre Stadt, viele Beamte der Justiz ließen sich hier nieder. Im 16. Jahrhundert folgten die Offiziere aus Turenne, die Wehranlagen wurden erweitert. Diese Entwicklung prägt auch heute noch das äußere Erscheinungsbild der Stadt. Überall trifft man auf architektonische Zeitzeugen.

Wir satteln die Pferde, sprich unsere Harleys, und ziehen weiter in Richtung Südosten, »stets eine Hand am Schwert, um eventuell auftauchende Strauchdiebe in die Flucht zu schlagen.« Nach einem Abstecher nach Curemonte, wo zahlreiche alte Adelshäuser und verschiedene Schlösser die Ritter auf den zweirädrigen Pferden an längst vergangene Zeiten erinnern, schiebt sich unser Harley-Troß vor bis nach Beaulieu-sur-Dordogne. Beaulieu, »die S(s)chöne (Stadt)« oder »der schöne Ort«, empfängt den Besucher mit locker aneinandergereihten Obstbäumen und Weinreben. Auch Palmenwedel und Bananenstauden finden sich hier zwischen historischen Gemäuern. Je weiter man sich dem Flußufer der Dordogne nähert, desto lieblicher und exotischer wirkt die auf eine Benediktiner-Abtei um 856 zurückreichende Stadt. Einige wenige kleine Boote schippern auf dem Fluß, ein alter Mann versucht dem Strom per Angel ein Mittagsmahl abzuringen, und wir müden Krieger legen eine Rast unter einer schatten-

Durchblick: Skulpturen auf der Ile aux Pierres

spendenden alten Eiche ein. Französische Käsespezialitäten, Wurst, Eier und Salat stehen auf dem heutigen Speiseplan. Anschließend gönnen sich die meisten noch ein kleines Mittagsschläfchen in dieser pittoresken Umgebung.

Frisch gestärkt für neue Taten setzen wir unseren gewaltfreien und glaubenstoleranten Kreuzzug durch´s Limousin fort. Vielleicht gerade wegen unseres eher friedlichen Erscheinungsbildes gewährt man uns im Zisterzienser-Kloster von Aubazine eine flüchtigen Blick in den Innenhof und Garten, obwohl die Abtei für Besucher gerade geschlossen ist. Der heilige Etienne, der hier auch begraben liegt, gründete hier 1125 gemeinsam mit den Eremiten Bertrand und Pierre eine Einsiedelei, die später zur Abtei ausgebaut wurde (Fertigstellung 1176). Der Vorplatz des Klosters bildet heute noch das Zentrum von Aubazine. Direkt daneben erhebt sich die Abteikirche, in deren Querschiffarm sich das Grab des heiligen Etienne befindet.

Nachdem unsere Stahlrösser wenig später in Tulle mit Futter, sprich den nötigen Betriebsstoffen, versorgt sind, geht's im Galopp weiter zu den Gimel le

Pflanzenvielfalt: Innenhof des Zisterzienser-Klosters von Aubazine

Cascades, den Wasserfällen von Gimel. Bis an die Zähne mit Kameragehäusen, Objektiven und Filmmaterial bewaffnet, schlägt sich jeder der Ritter auf eigene Faust zu den in drei Stufen herabfallenden Wassermassen durch. Klar gezeichnete Wege und Treppen machen es den Eindringlingen leicht, die Wasserspiele und die dadurch hervorgerufenen spektralfarbenen Lichteffekte einzufangen. Als Belohnung für die fette Beute erwartet die Raubritter abends dann ein erholsames Bad im Pool des Hotels »La Seniorie« in Corrèze sowie ein festliches Gelage bei Wein und anderen kulinarischen Spezialitäten der Region.

In nordwestlicher Richtung den Ausläufern des Monédières-Massivs folgend durchqueren wir auf kaum befahrenen, in schwungvollen Linien gezeichneten Straßen tiefgrüne Wälder, die uns vor der sommerlichen Hitze schützen. Zusammen mit den saftigen Weiden im Limousin machen sie die typische Farbgebung der Landschaft aus. Schon der 1841 in Limoges geborene Maler Auguste Renoir meinte, daß die Erfassung all der hier auftretenden Grüntöne weit mehr als ein Leben brauche. Zugleich schwingen sich nun die

Rote Sandsteinpracht: Kirche Saint Pierre in Collonges-la-Rouge

Monédières, ein Massiv aus Granit und kristallinem Gestein, auf in luftige Höhen. Der Gipfel des Puy de la Monédières ragt als höchster Punkt mit 919 Metern aus der Landschaft empor. Wir klettern auf dem Weg von Aiguepanade nach Madranges immerhin noch auf über 630 Meter.

In strammem Galopp und mit dem durch die abwechslungs- und kurvenreiche Strecke hervor-

Üppiges Angebot: Obst- und Gemüsestand in Saint-Léonard-de-Noblat

gerufenen Schwung erreichen die sechs Reiter über Treignac und Eymoutiers schon gegen Mittag den Lac de Vassivière.

Auf der kleinen Insel Ile aux Pierres inmitten des künstlich aufgestauten und 1000 Hektar großen Sees machen wir Rast. Neben der Energiegewinnung verfolgen die Planer hier auch durchaus touristische Interessen. Das relativ strukturschwache Gebiet des Limousin (eine Folge der Landflucht unter anderem in Richtung Paris) muß sich sozusagen an jeden Gras-

schon deutlichere Auswüchse vom langsam in Gang kommenden Tourismusgeschäft. Die Entwicklung geht aber wesentlich sanfter vonstatten als in den klassischen Urlaubsregionen, was auch für die Zukunft hoffen läßt.

Während der Woche kann man beispielsweise ungestört am Lac de Vassivière die Beine ins Wasser baumeln lassen oder sich den von anerkannten Künstlern geschaffenen Skulpturen aus Granit und Holz widmen, die die permanente Kunstausstellung des Centre 'Art Contemporain bilden. Nur wenige Busse mit Schulkindern oder Senioren finden dann ihren Weg hierhin.

An einer anderen Stelle des Sees erspähen wir einen geeig-

halm eines sich auch nur ansatzweise andeutenden Erwerbszweiges klammern. Der Tourismus entwickelt sich allmählich, aber noch können Individualreisende voll auf ihre Kosten kommen. Nur an den prägnanten Orten der Region spürt man

Bullig: Die Limousinen dienen ausschließlich der Fleischzucht

neten Badeplatz, die kühlen Fluten sind eine willkommene Abwechslung nach gut einem halben Tag in den durchschwitzten Zweirad-Rüstungen. Erst am späten Nachmittag können wir uns von der lieblichen Atmosphäre am See wieder lösen und unseren Pilgerzug in Richtung Aubusson fortsetzen. Die Straßen winden sich in immer engeren Radien durch die hügelige Landschaft, der dicke V2 stampft unermüdlich nach vorn. Gleichzeitig betreten wir neues Territorium, die Grenze zur Creuse ist überschritten. Die schmalen Wege unter dem grünen Blätterdach enden aber erst an der Peripherie der bekannten Teppichstadt. Der Verkehr wird wieder deutlich hektischer, die Luft ist nicht mehr so klar. Die Greifarme des Sauriers Stadt umschlingen uns immer fester.

Aubusson, wegen seiner strategisch günstigen Lage auf einer Anhöhe hoch über dem Zusammenfluß der Flüsse Creuse und Bauze schon früh von Römern und Galliern heimgesucht, machte eine ähnlich facettenreiche Entwicklung durch wie andere Städte in dieser Region. Ihre politische und gesellschaftliche Anbindung ans Limousin verdankt sie dem Grafen Ranulphe von Aubusson, einem Bruder des Bischofs von Limoges, der 884 erstmals urkundlich erwähnt wurde. Diese Verbindung hatte knapp vier Jahrhun-

Erfrischend: Trinkpause bei Bas Beaumont/St. Paul

Open air: Frühstück im Hotel »La Seniorie« in Corrèze

derte Bestand. Im 12. und 13. Jahrhundert erlebten hier das Hofleben und der damit verbundene Minnesang eine Blütezeit. 1260 ging Aubusson zunächst an den Grafen der Marche, wurde wenig später frei von Leibeigenschaft, und gelangte erst 1686 wieder in die Hände der ursprünglichen Herrscherfamilie, als François d'Aubusson wieder das Zepter in die Hand nahm. Die französische Revolution beendete auch hier endgültig die Feudalherrschaft.

Seine größte Bedeutung erlangte Aubusson aber durch seine Teppichwebereien. Bereits seit 600 Jahren gehört die Kunst der Teppichherstellung zu den Hauptwirtschaftszweigen der Stadt. 22 Webereien sind es auch heute noch, die diese Traditon fortführen und zirka 300 Mitarbeiter beschäftigen. Ein Museum und verschiedene Galerien gewähren Einblick in die hohe Schule der Teppichweberei. Wer will, kann darüber hinaus Werkstätten besichtigen und an Lehrgängen teilnehmen.

Weitere Höhepunkte sind die Kirche Saint-Croix aus dem 13. Jahrhundert, die Ruine des Schlosses von Aubusson, das im 12. Jahrhundert erbaut wurde, und die Geschäftstraße im Zentrum der Stadt, wo zahlreiche

Mittelalterlich: Mühle unterhalb des Château d'Artige

Baumelnde Seele(n): im Mühlhof bei St.-Léonard-de-Noblat

historische Häuser an die Geschichte des Ortes erinnern.

Trotz der kulturellen Highlights sind die Ritter der Harley-Runde aber froh, als sie dem städtischen Treiben wieder entfliehen können. Zu lang ist man schon in ländlicher Idylle unterwegs, zu sehr hat man sich bereits an die verkehrsarmen Straßen und die liebliche Landschaft gewöhnt, als daß einen die gerade mal 6000 Einwohner zählende Stadt mit ihren Reizen auf Dauer betören könnte. Die Flucht zurück in die beschauliche Idylle gelingt. Im Acht-Seelen-Dorf Masgot, etwa 20 Kilometer nordwestlich von Aubusson, erbeuten wir andere Schätze. Hier schlug der zwischen 1810 und 1890 lebende Steinmetz François Michaud Skulpturen in den harten Granit. Während einer Runde mit dem verschmitzt witzelnden Urenkel des Hobby-Künstlers, Raymond Arthur, entdeckt der Besucher überall im Ort verstreut die locker, fast wahllos zusammengestellte Komposition aus naiv geformten Figuren. Die Motive reichen von politischen bis religiösen Darstellungen, erst gegen Ende seiner Schaffensepoche grenzte Michaud die Objekte seiner Arbeit mit Meißel und Hammer stärker ab.

Diese Instrumente helfen Monsieur Conquet in Bénévent-l'Abbaye auch nicht weiter, wenn er die Entdeckung der geheimnisvollen Geschichte der dortigen katholischen Pfarrkirche Saint-Barthélemy aus dem 11. Jahrhundert fortsetzen will. Nach seiner Pensionierung widmete sich der ehemalige Arzt intensiv der Erforschung des im romanischen Stil erbauten Gotteshauses. Bei seiner Spurensuche stieß er dabei unter anderem auf Hinweise, die darauf hindeuten, daß sich unterhalb des nördlichen Seitenschiffs der Kirche die Gebeine von ehemals verfolgten Personen befinden. Eine Wendeltreppe muß früher hinab in die Tiefe geführt haben, sie wurde aber anscheinend nachträglich zugemauert. Monsieur Conquet blieb die weitere Untersuchung dieser brisanten Stelle bisher untersagt. Hinzu kommt die Schwierigkeit, daß das Gestein an dieser Stelle undurchdringbar scheint, und für einen – so makaber sich das im ersten Moment vielleicht anhören mag – Preßlufthammer ist nicht ausreichend Bewegungsfreiheit vorhanden. Zudem trifft man im Stadtrat auf wenig Zustimmung für solche Aktionen. Fürchtet man, daß hier doch vielleicht Dinge ans Tageslicht gelangen könnten, die dem Ruf mancher alteingesessener Familie und der Stadt allgemein schaden würden? Wie dem auch sei: Es ist es ein Genuß, dem Informations-Stakkato des Hobbyforschers zu lauschen. Das heißt, wenn man seinem Redetempo folgen kann. Ergebnisse seiner Arbeit kann

Einblicke: Torgewölbe einer Auberge in Collonges-la-Rouge

der ehemalige »docteur« nun weiß Gott genug aufweisen. Die sind unter anderem in einem Buch veröffentlicht, das es zur Zeit leider aber nur in französischer Sprache gibt. Eine deutsche Kurzfassung der Funde und Ergebnisse findet der Besucher aber am Eingang der Kirche.

Auch der hartgesottenste Ritter zeigt sich ob der Ausführungen von Monsieur Conquet beeindruckt, bei einem Kelch heißem Kaffee in der Dorfschenke gilt es, die Gedanken an die Vergangenheit zunächst einmal zu sortieren. Auch als ein wenig später den Stahlrössern schon wieder die Sporen gegeben werden, wirken die gewonnenen Eindrücke noch nach.

Das tiefbewegte Ritterherz kommt auch am nächsten Tag nicht zur Ruh', als man der Einladung von Madame Blondeau ins Château de Boussac (Schloß von Boussac) nachkommt. Die Familie ist seit 1965 im Besitz des um 1120 errichteten Schlosses und hat es mit viel Mühe, Feingefühl und unter hohem finanziellen Aufwand innen wie außen wieder hergerichtet. Offizielle Führungen können nur einen Teil der Investitionen auffangen.

Tour à la card: Orientierungssuche in Masgot

Pittoresk: Ortsdurchfahrt in Curemonte

Besonders beeindruckend ist die Vielzahl historischer Wandteppiche, die hier die Wände schmückt. Fast das gesamte Mobiliar wurde auf die historische Bedeutung des Schlosses abgestimmt. Eine der berühmtesten Bewohnerinnen des Hauses war zwischen 1840 und 1870 die französische Schriftstellerin George Sand, die viele Jahre Lebensgefährtin von Frédéric Chopin war und als erste echte französische Frauenrechtlerin angesehen werden darf. Sie entdeckte auch die wertvolle Wandteppich-Sammlung »Die Dame und das Einhorn«, die in der zweiten Hälfte des 19. Jahrhunderts für 25 000 Goldfranc nach Paris verkauft wurde und heute in Cluny ausgestellt ist.

Da hätten die Verantwortlichen bei den Pierres Jaumâtres so ihre Schwierigkeiten gehabt. Die dicken Felsen aus Granit, hoch oben auf der dichtbewachsenen Spitze des 595 Meter hohen Mont Barlot, liegen an manchen Stellen nur an zwei Punkten aufeinander, lassen sich aber selbst von starker Ritterhand keinen Millimeter bewegen. Hier kann bei genauer Analyse der Lage eigentlich nur ein Typ wie Obelix gewirbelt haben. Streng wissenschaftlich gesehen sind die Steine aber ein Ergebnis von Erosion. Besser gefällt einem gestandenen Ritter da schon eine andere Interpretation, der Begriff »Jaumâtres« bedeutet übersetzt soviel wie »Feensteine«. Kein Wunder, daß sich

Gastfreundlich: Monsieur André Mausset in Bas Beaumont/St. Paul

so manche Sage um die gewaltigen Kolosse spinnt, die auch den Mann in der Rüstung nicht ungerührt läßt.

Als weitaus gesicherter gelten die Überlieferungen, die uns nach der Grenzüberschreitung zur Haute-Vienne in Saint-Léonard-de-Noblat während einer Führung durch die Stadt unterbreitet werden. Dabei treffen wir am Rande auch auf einen alten Kampfgenossen aus unseren präpubertären Ritterspielen. Der Eremit und Wunderheiler Leonhard ließ sich hier am Ufer der Vienne nieder. Wegen seiner besonderen Fähigkeiten genoß er bald hohes Ansehen bei der Bevölkerung und wurden zum Heiligen. Mit Erträgen, die er durch landwirtschaftliche Bearbeitung des eigenen Grund und Bodens und seine Heilmethoden erwirtschaftete, kaufte er Gefangene frei. So wurde er unter anderem zum Schutzheiligen für Gefangene. Auch König Richard I. von England, besser bekannt unter dem Namen Richard Löwenherz, soll während seiner österreichischen Gefangenschaft unter Herzog Leopold V. und später unter Heinrich VI. den Heiligen Leonhard angebetet haben. Als Richard später freikam, soll er den Einsiedler reichlich belohnt haben, was nicht zuletzt auch der Stadt zugute kam. Übrigens verstarb Löwenherz, der Held der Ritterspiele unserer Kindheit, 1199 in Châlus, etwa 40 Kilometer westlich von Limoges, an den Folgen eines Pfeilschusses bei der Belagerung der dortigen Burg.

Die ehemaligen Grabstätten des Heiligen Leonhard, eine Kapelle und eine Kirche, sind in Saint-Léonard-de-Noblat leider nicht mehr erhalten. Der dritte Bau, die Stiftskirche aus dem 11. Jahrhundert war ebenfalls Zwischenstation auf dem langen Pilgerweg nach Santiago de Compostela. Sie hat einen imposanten und im Limousin in dieser Art einmaligen romanischen Glockenturm. Ansonsten bietet sie dem Betrachter allerdings ein eher verwirrendes Gesamtbild, denn die verschiedenen und miteinander vermischten Stilelemente dokumentieren die unterschiedlichen Bauepochen.

Nur wenige Kilometer weiter haben die ausgehungerten Reiter dann das Vergnügen, im Innenhof einer alten und wunderschön restaurierten Mühle, fast am Zusammenfluß von Maulde und Vienne, ihre Mittagsrast einzulegen. Die Besitzer machen eine Ausnahme und gewähren den Fremden Einlaß und Einblick in ihr einmaliges Domizil. Hoch oben über den Gebäuden auf einem dichtbewachsenen Berg thront das aus einer Ruine wiederaufgebaute Privatschloß Château d'Artige. Ein wahrhaft würdiges Ambiente für unser Mittagsmahl.

Einige Kilometer weiter holt uns in einem Ortsteil von St. Paul, Bas Beaumont, die Gegenwart wieder ein. Die Ritter auf den zweirädrigen Pferden werden bei ihrem Ritt durch die Historie überrascht von der Arbeit eines alten Mannes, der

Handwerkszeug: Feuerstelle im Château de Boussac

Goldene Zeiten: Sekretär im Schloß von Boussac

sein in eher bescheidenen Verhältnissen geführtes Leben ganz und gar den Pflanzen gewidmet hat. Monsieur André Mausset kam dabei auf die Idee, Sträucher und Bäume so zu beschneiden, daß Figuren und Symbole daraus entstehen. Stolz zeigt er uns Reportagen aus verschiedenen französischen Zeitschriften sowie Auszeichnungen, die ihn im Zusammenhang mit seinen Werken im Lande bekannt gemacht haben. Natürlich weiß er zu vielem auch eine ganz spezielle Geschichte zu erzählen, so daß einem das Zuhören nicht schwerfällt.

Die Vergangenheit hat uns noch einmal wieder, als wir am nächsten Tag die Abteikirche in Solignac besichtigen und wenig später die gotische Brücke Pont Rompu über den Fluß Briance erreichen.

Hier setzten schon römische Legionen über, und auch die Wallfahrer nutzten diesen Übergang auf ihrem langen Weg nach Santiago de Compostela. Stilecht überqueren wir diese Brücke mit unseren Stahlrössern, allerdings nur zur Show, denn unsere Route führt uns in entgegengesetzte Richtung, nach Nordwesten.

In der Nähe von Versannat genießen wir auf einem Landgasthof (»Ferme Auberge«) die Gaumenspezialitäten eines Taubenzüchters – das kommt einem echten Rittermahl schon recht nahe. Nur der Verzicht auf das Hinter-sich-Werfen der abgenagten Knochen deutet schon an, daß uns die Zivilisation allmählich wieder aufzusaugen scheint.

Wenig später haben uns die Klauen der Hauptstadt des Limousin, Limoges, ergriffen. Nach einwöchiger Reise durch eine sehr dünn besiedelte, fast schon beschauliche Landschaft mit vielen kulturellen Relikten aus längst vergangenen Zeiten fällt uns die Rückkehr ins hektische Treiben des Alltags ganz schön schwer.

Die heute insgesamt 200000 Einwohner zählende Stadt kann auf eine 2000 Jahre alte Geschichte zurückblicken. Der Ort teilte sich schon früh in die Cité, die obere Altstadt als ehemaliger Sitz der Bischöfe mit der Kathedrale Saint-Etienne, und die Ville, ein um die Abtei Saint-Martial gewachsenes Handelszentrum. Dazwischen bildeten sich immer wieder Ansiedlungen. Dazu zählt auch die heute noch existierende Metzgergasse, die seit dem 10. Jahrhundert als Faubourg Boucherie einen kleinen Vorort darstellte. Als einflußreiche Bevölkerungsgruppe wurde es den Metzgern 1471 sogar gestattet, eine eigene Kapelle zu Ehren ihres Schutzpatrons, des Bischofs Aurélien, zu errichten, die in der heutigen Metzgergasse steht.

Unmittelbar neben der Kathedrale von Limoges findet sich das Musée Municipal mit einer Ausstellung über Emaillekunst. Darüber hinaus trifft der Besucher auf Exponate zeitgenössischer Kunst und französischer Maler sowie eine ägyptologische Sammlung. Sehenswert ist auch die Ausstellung im Musée de la Résistance, die Auskunft über die dunkle Geschichte deutscher Besatzungsjahre gibt. Unter den vorher noch stolzen Rittern auf ihren Stahlrössern macht sich Betroffenheit breit. Ihre Anerkennung gilt denen, die sich dem Größenwahn, der Habgier und dem Völkermord der Eroberer erfolgreich widersetzt haben.

Als die (nieder-) geschlagenen Reiter dann am Abend ihren inneren Unfrieden in der Harley- und Rock'n Roll-Kneipe Duc Etienne, direkt neben der kleinen Kapelle in der Metzgergasse, mit ein wenig Bier verdünnen, wird ihnen wieder klar, daß alles Rittertum und die damit verbundenen Ideale und Tugenden nicht fürs reale Leben und die Beziehungen zwischen Menschen und Völkern taugen. Die Gegenwart hat die Harley-Treiber wieder, aus der Vergangenheit sollte man lernen.

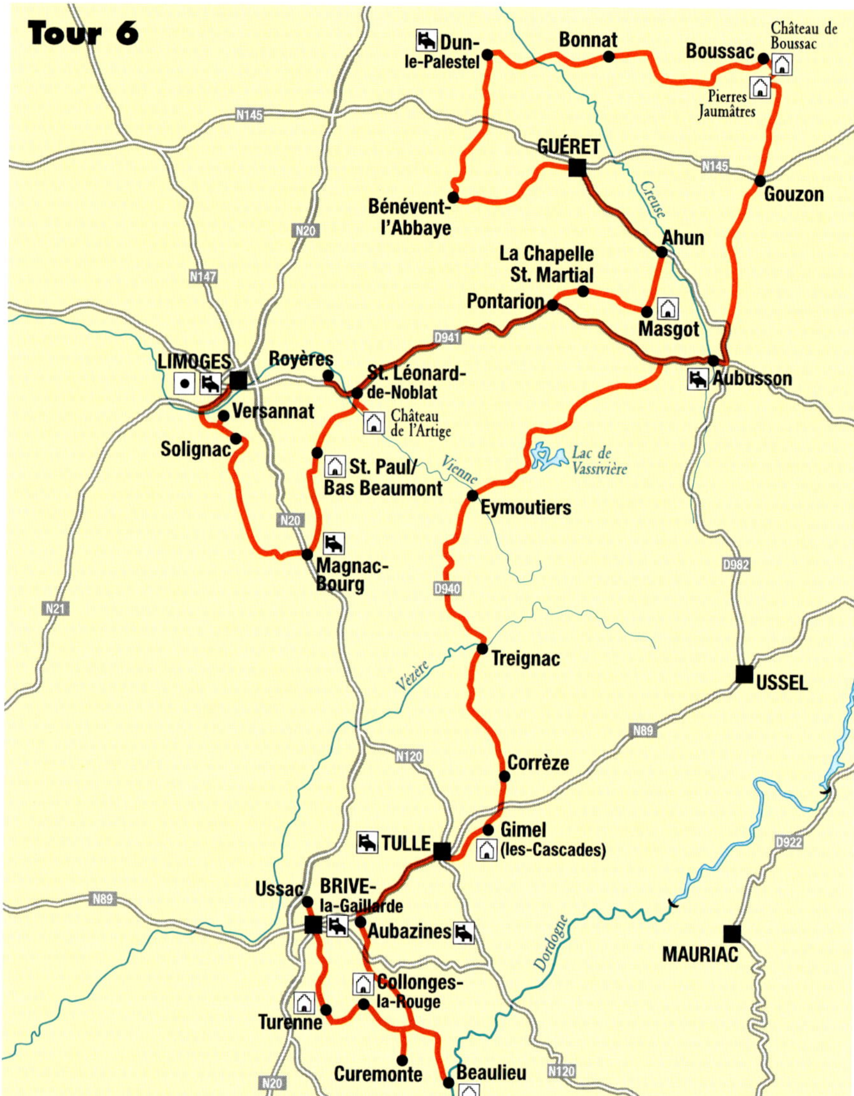

Gefahrene Strecke
(einschließlich Abstecher):
etwa 1100 Kilometer

Karten:

Spezielle Landkarten zu den drei Départements Haute-Vienne, Creuse und Corrèze erhält man vor Ort im Buchhandel. Darüber hinaus bieten sich folgende Übersichtskarten an: Regionalkarte Nr. 239: »Auvergne-Limousin«, Michelin, 1 : 200000; 11,80 Mark. IGN-Straßenkarte »Limousin«, mit touristischen Hinweisen, 1 : 250000; 14,– Mark.

Route:

Ussac – Brive-la-Gaillarde – Turenne – Collonges-la-Rouge – unterwegs rechts ab nach Curemonte – wieder zurück und nach Beaulieu – Aubazine – Tulle – Gimel (les Cascades) – Corrèze – Treignac – Eymoutiers – Lac de Vassivière – Aubusson – zurück und rechts ab in Richtung Pontarion, unterwegs rechts ab nach La Chapelle St. Martial – Masgot – Ahun – Guéret – Bénévent-l'Abbaye – Dun-le-Palestel – Bonnat – Boussac – unterwegs ab zu Pierres Jaumâtres – Gouzon – Aubusson – Pontarion – St. Léonard-de-Noblat – rechts ab nach Royères – zurück nach St. Léonard-de-Noblat – Château de l'Artige – St. Paul/ Bas Beaumont – Magnac-Bourg – Solignac – Versannat – Limoges. An- und Abreise über Bordeaux.

Übernachten:

(Vorwahl aus Deutschland 0033)

●●● Le Coiroux
19190 Aubazine
Telefon: 555-257522
Fax: 555-257570

●●● Chapon Fin
1, Place de Lattre-de-Tassigny
19100 Brive-la-Gaillarde
Telefon: 555-742340
Fax: 555-234252

●●● Hotel-Restaurant de la Gare
25, Avenue Churchill
19000 Tulle
Telefon: 555-200404
Fax: 555-201587

●●●●● Hôtel de la Seiglière
Vallée du Léonardet
23200 Aubusson
Telefon: 555-663722
Fax: 555-662247

●● Hotel de France
23800 Dun-le-Palestel
Telefon: 555-890772

●●● Auberge de l'Etang
87380 Magnac-Bourg
Telefon: 555-008137

●●●● Hotel Jeanne-d'Arc
17, Avenue Général-de-Gaulle
87000 Limoges
Telefon: 555-776777
Fax: 555-773341

Treffpunkte:

Duc Etienne
Metgersgasse 19
87000 Limoges
Motorrad- und Rock'n Roll-Musikkneipe, für Motorradfahrer »First Adress in Limoges«.

Sehenswert:

Ganz allgemein die gut erhaltenen oder restaurierten Städtchen Beaulieu-sur-Dordogne, Collonges-la-Rouge und Turenne wegen ihrer beeindruckenden Bausubstanz und Architektur.
Am Lac de Vassivières bietet sich eine Vielzahl von Möglichkeiten zur Freizeitgestaltung wie etwa angeln, kanufahren, schwimmen. Auch Wanderer, Radfahrer und Reiter kommen hier auf ihre Kosten. Viele Pensionen und Hotels haben sich ganz auf die Bedürfnisse spezieller Zielgruppen eingerichtet.
Bei Gimel die Gimel le Cascades, die Wasserfälle.
Zwischen Gouzon und Boussac die Pierres Jaumâtres, skurril anmutende Felskolosse, die der Sage nach von Feenhänden geschaffen wurden.
Skulpturen des Künstlers Francois Michaud im Ort Masgot.
In St. Paul/Bas Beaumont die Strauch- und Buschanlagen von André Mausset.
Château de Boussac, das Schloß von Boussac, 1120 errichtet, mit historischen Wandteppichen und historischer Einrichtung.

Adressen:

Unter folgenden Adressen kann ausführliches Informationsmaterial zur Reiseregion angefordert werden (Vorwahl aus Deutschland: 0033):

Frankreich-Information
Telefon: 0190/570025
(Anforderung von Broschüren)

Maison de la France
Westendstraße 47
60325 Frankfurt/M.
Fax: 0190/599061
(alle wichtigen Informationen zum Reisegebiet)

Comité Régional du Tourisme
27 Boulevard de la Corderie
87031 Limoges Cedex
Telefon: 555-451880
Fax: 555-451818

Comité Départemental du Tourisme de la Haute-Vienne,
Maison du Tourisme
4, Place Denis-Dussoubs
87000 Limoges
Telefon: 555-7904-04
Fax: 555-795781

Comité Départemental du Tourisme de la Creuse
43, Place Bonnyaud, B.P. 243
23005 Guéret Cedex
Telefon: 555-519323
Fax: 555-510520
(hier kann man z. B. für 40 FF einen farbigen Reiseführer »Regards sur la Creuse« im Taschenbuchformat bestellen)

Comité Départemental du Tourisme de la Corrèze
Quai Baluze
19000 Tulle
Telefon: 555-264688
Fax: 555-268680

Spritzig: Gimel le Cascades

Maison du Limousin
18, Boulevard Haussemann
75009 Paris
Telefon: 1-7703263

Maison des Gîtes de France
35, Rue Godot-de-Mauroy
75009 Paris
Telefon: 1-6147422543
(Gesamtverzeichnis über Gîtes de France)

Syndicat d'Initiative
Place G. Dubreuil
87110 Solignac
Telefon: 555-004231

ANHANG

Gastronomie von A bis Z

Damit ihnen die französischen Speisekarten nicht spanisch vorkommen, helfen wir Ihnen etwas auf die Sprünge. Sie werden schnell feststellen, Franzosen lieben mehrgängige Menüs. Fangen wir also ganz vorne an.

petit déjeuner	Frühstück
déjeuner	Mittagessen
dîner	Abendessen
Potages/Soupes	**Suppen**
consommé de poulet	klare Hühnersuppe
potage au cresson	Kressesuppe
soupe à l'oignon	Zwiebelsuppe
soupe de légumes	Gemüsesuppe
soupe de poisson	Fischsuppe
velouté d'asperges	Spargelcremesuppe
Hors-d'œuvre	**Kalte Vorspeisen**
asperges à la crème	Spargel mit Rahmsauce
avocat vinaigrettel	Avocado mit Essig und Öl
cœurs d'artichauts	Artischockenherzen
crudités variées	gemischter Salatteller
filets de harengs	Heringsfilet
jambon cru/fumé	Schinken roh/geräuchert
melon au porto	Melone mit Portwein
pâté de campagne	Bauernpastete
pâté de foie gras	Gänseleberpastete
rillettes	Schweineschmalz
salade niçoise	Grüner Salat, Tomaten, Ei, Käse, Oliven
salade russe	Russischer Salat
sardines à l'huile	Ölsardinen
saumon fumé	Räucherlachs
terrine de canard	Ententerrine
terrine de saumon	Lachsterrine
Entrées	**Warme Vorspeisen**
cuisses de grenouilles	Froschschenkel
escargots à la bourguignonne	Weinbergschnecken in Kräuterbutter
pied de porc	Schweinshaxe
quiche lorraine	Speckkuchen
tête de veau vinaigrette	Saurer Kalbskopf
tripes	Kutteln

crustacés et coquillages	**Schalentiere und Muscheln**
coquilles Saint-Jacques	Jakobsmuscheln
crevettes	Garnelen, Krabben
écrevisse	Flußkrebs
homardr	Hummer
huitres	Austern
langouste au gratin	Languste mit Käse überbacken
langoustines	Scampi
moules	Miesmuscheln
plateau de fruits de mer	Meeresfrüchte-Teller
poissons	**Fisch**
poisson d'eau douce	**Süßwasserfische**
anguille	Aal
brochet au bleu	Hecht, blau
carpe	Karpfen
perche	Barsch
petite friture	kleine, gebratene Fische
quenelles de brochet	Hechtklößchen
sandre	Zander
truite meunière	Forelle Müllerin
poisson de mer	**Meeresfische**
aiglefin	Schellfisch
cabillaud	Kabeljau
calamar frit	Tintenfisch frittiert
colin	Seelachs
daurade	Goldbrasse
hareng	Hering
lotte de mer	Seeteufel
maquereau	Makrele
morue	Stockfisch
rouget	Rotbarbe
sole	Seezunge
turbot	Steinbutt

ANHANG

viandes	Fleisch
bien cuit	gut durch
à point	rosa (medium)
saignant	blutig
agneau	Lammfleisch
bœuf	Rindfleisch
mouton	Hammelfleisch
porc	Schweinefleisch
veau	Kalbfleisch
bifteck	Steak
blanquette de veau	Kalbsragout
bœuf bourguignon	Rindsgulasch in Rotweinsauce
cassoulet	Eintopf mit weißen Bohnen, Fleisch und Geflügel
cochon de lait	Spanferkel
cœur	Herz
côte de bœuf	Rindskotelett
entrecôte	Zwischenrippenstück vom Rind
épaule	Schulterstück
escalope de veau	Kalbsschnitzel
escalope panée	Wiener Schnitzel
filet de bœuf	Rindsfilet
foie	Leber
gigot d'agneau	Lammkeule
grillades	Grillteller
jarret de veau	Kalbshaxe
langue	Zunge
paupiettes	Kalbsrouladen
rognons	Nieren
rôti	Braten
sauté de veau	Kalbsragout
steak au poivre	Pfeffersteak
steak tartare	Tatar

Vollailles et gibier	Geflügel und Wild
canard à l'orange	Ente an Orangensauce
civet de lièvre	Hasenpfeffer
coq au vin	Hahn in Rotwein
cuissot de chevreuil	Rehkeule
dinde aux marrons	Truthenne mit Eßkastanien-Füllung
faisan	Fasan
lapin chasseur	Kaninchen nach Jägerart
oie au marrons	Gans mit Eßkastanien-Füllung
perdreau/perdrix	Rebhuhn
pigeons	Tauben
pintade	Perlhuhn
poule au riz	Huhn mit Reis
poulet rôti	Grillhähnchen
sanglier	Wildschwein

Légumes	Beilagen
ail	Knoblauch
carottes	Karotten
choucroute	Sauerkraut
chou farci	Kohlroulade
chou-fleur	Blumenkohl
concombre	Gurke
cornichon	Gürkchen
courge	Kürbis
cous-cous	Hirse
endives	Endivien
épinards	Spinat
fenouil	Fenchel
frites	Pommes frites
haricots (verts, blancs)	Bohnen(grün,weiß)
macédoine de légumes	Gemüseteller
nouilles	Nudeln
oignons	Zwiebel
pâtes	Teigwaren
persil	Petersilie
petits pois	Erbsen
poireau	Lauch
pommes de terre sautées	Bratkartoffeln
pommes mousseline	Kartoffelpüree
pommes natures	Salzkartoffeln
ratatouille niçoise	Gemüse-Eintopf
riz	Reis
salsifis	Schwarzwurzeln
tomates farcies	gefüllte Tomaten

Fromages	Käse
fromage blanc	Frischkäse (Quark)
fromage de chèvre	Ziegenkäse
gruyère	Schweizer Käse (Gruyère)
petit suisse	Sahnekäse
roquefort	Schimmelkäse (Roquefort)
yaourt	Joghurt

Desserts	Nachspeisen
baba au rhum	rumgetränkter Hefekuchen
beignets aux pommes	Apfel im Schlafrock
charlotte	Löffelbiskuits mit Früchten und Vanillecreme
coupe maison	Eisbecher nach Art des Hauses
crème Sabayon	Weinschaumcreme
flan	Karamelpudding
gateâu	Kuchen
Glace	Eis
ile flotante	Eisbeignets
mousse au chocolat	Schokoladen-Cremeschaum
omelette norvégienne	flambiertes Omelett
pain perdu	Armer Ritter

ANHANG

pâtisserie maison	hausgemachtes Gebäck
profiteroles	Windbeutel mit Vanilleeis-füllung und Schokoladen-sauce
sorbet	Früchte-Eis
tarte aux fraises	Erdbeertörtchen
Boissons	**Getränke**
bière (pression, bouteille)	Bier (vom Faß, Flasche)
café au lait	Milchkaffee
café crème	Kaffee mit Sahne
café express	Espresso
café noir	schwarzer Kaffee
chocolat chaud	heiße Schokolade
citron pressé	frischgepresste Zitrone mit Wasser
digestif	Verdauungs-Schnaps
eau mineral	stilles Mineralwasser
eau gaseuze	Wasser mit Kohlensäure
fusion	Kräutertee
jus de fruits	Fruchtsaft
vin (rouge,blanc,ros,)	Wein (rot,weiß,ros,)

Pannenwörterbuch Französisch

Anlasser	Démarreur
Antriebswelle	Arbre de transmission
Auspuffrohr	Tuyau d'echappement
Benzinleitung	Conduite d'essence
Benzinpumpe	Pompe à essence
Benzinfilter (im Tank)	Filtre à essence (dans le réservoir)
Blinklicht	Clignotant
Bremse	Frein
Bremslicht	Feu-stop
Dichtung	Joint
Drehzahlmesser	Compte-tours
Einspritzsteuergerät	Commande d'injection
Felge	Jante
Fußraste	Repose-pied
Fußschalthebel	Sélecteur
Gasgriff	Poignée des gaz
Getriebe	Boîte de vitesses
Hauptständer	Béquille principale
Hinterrad	Roue arrière
Kickstarter	Kick-starter
Kolben	Pistons
Kraftstofftank	Réservoir d'essence
Kühler	Radiateur
Kupplung	Embrayage
Kupplungshebei	Levier d'embrayage
Kurbelwelle	Vilebrequin
Lenker	Guidon
Lichtmaschine	Alternateur
Luftfilter	Filtre à air
Mutter	Ecrou
Nockenwelle	Arbre à cames
Ölablaßschraube	Bouchon de vidange
Pleuel	Bielle
Regler	Régulateur
Reifen	Pneumatique
Reifenpanne	Crevaison
Reifenwechsel	Changement de pneumatique
Reparatur	Réparation
Rücklicht	Feu arrière
Rückspiegel	Rétroviseur
Schalldämpfer	Silencieux
Scheinwerfer	Projecteur
Schlauch	Chambre à air
Schlauchlosreifen	Pneu sans chambre à air
Schraube	Vis
Schwimmer	Flotteur
Soziusfußraste	Repose-pied passager
Stoßdämpfer	Amortisseur
Teleskopgabel	Fourche télescopique
Vergaser	Carburateur
Werkzeugkasten	Boîte à outils
Zündkerze	Bougie
Zündspule	Bobine d'allumage
Zylinder	Cylindre
Zylinderkopf	Culasse

Wie komme ich zu dem Händler ...	Comment puis-je me rendre chez le concessionnaire ...
Ich habe eine Panne mit meinem Motorrad	Ma moto est en panne
Ich habe eine Reifenpanne mit meinem Motorrad	Ma moto a une crevaison
Mein Motorrad springt nicht an	Ma moto ne démarre pas
Mein Motorrad springt schlecht an	Ma moto démarre mal
Die Vorderrad-/Hinterradbremse funktioniert nicht	Le frein avant/arrière ne fonctionne pas
Geräusche/Klappern im 1. Getriebe, 2. Motor, 3. Vorderradgabel, 4. Hinterrad-Antrieb	Bruits/claquements dans 1. la boîte de vitesses, 2. le moteur, 3. la fourche de la roue avont, 4. l'entraînement de la roue arrière
Der Zünd-/Kofferschlüssel ist abgebrochen	La clé de contact/des valises est cassée
Er steckt im Zünd-/Lenkschloß	Elle est coincée dans le contacteur-démarreur/ la serrure de la direction
Ich habe die Motorrad-/Kofferschlüssel verloren	J'ai perdu la clé de ma moto/de mes valises
Die Nummer meines Kofferschlüssels ist...	Le numéro de la clé de mes valises est ...
Wie teuer ist die Reparatur	Combien coûte la réparation
Das Motorrad ist nicht mehr fahrtüchtig	La moto ne marche plus
Können Sie mein Motorrad abschleppen	Pouvez-vous rémorquer ma moto
Motor/Getriebe/Telegabel/Tank ist undicht	Le moteur/la boîte de vitesses/la fourche télescopique/ le réservoir a une fuite